看透营销本质

品牌营销的12大策略

付邦安◎著

中国财富出版社有限公司

图书在版编目（CIP）数据

看透营销本质：品牌营销的 12 大策略 / 付邦安著．-- 北京：中国财富出版社有限公司，2025. 5. -- ISBN 978 -7 -5047 -8326 -4

Ⅰ. F713. 3

中国国家版本馆 CIP 数据核字第 2025FQ5099 号

策划编辑	郑晓雯	**责任编辑**	梁　凡	**版权编辑**	武　玥
责任印制	马欣岳	**责任校对**	庞冰心	**责任发行**	董　倩

出版发行	中国财富出版社有限公司		
社　　址	北京市丰台区南四环西路 188 号 5 区 20 楼	**邮政编码**	100070
电　　话	010 -52227588 转 2098（发行部）		010 -52227588 转 321（总编室）
	010 -52227566（24 小时读者服务）		010 -52227588 转 305（质检部）
网　　址	http：//www. cfpress. com. cn	**排　　版**	宝蕾元
经　　销	新华书店	**印　　刷**	宝蕾元仁浩（天津）印刷有限公司
书　　号	ISBN 978 -7 -5047 -8326 -4/F · 3805		
开　　本	710mm × 1000mm　1/16	**版　　次**	2025 年 6 月第 1 版
印　　张	16	**印　　次**	2025 年 6 月第 1 次印刷
字　　数	229 千字	**定　　价**	88. 00 元

推荐序1

洞察本质，回归常识

我与付邦安先生相识于2003年，至今整二十年。

二十年间，付邦安先生业精于勤，以知行合一的精神投身品牌策划行业，取得了丰硕的成果。

付邦安先生这本书，“洞察—本质”引发了我的共鸣。

在很长一段时间里，追求差异化成为商界的潮流。其实，这股潮流已经席卷整个社会。品牌策划业更是将差异化奉为圭臬，各种新理论、新学说、新概念也层出不穷，“乱花渐欲迷人眼”。

我很欣赏业界在这方面的探索与成果，但也不禁思考：这么多的创新，超越4P理论、三种基本竞争战略（成本领先战略、差异化战略和聚焦战略）、波特五力模型、USP理论（独特销售主张）等经典理论了吗？

专业的困惑，不是来自知识的贫乏，而是来自对常识的漠视和鄙视。

人类大脑通过眼睛、耳朵和其他感官收集资讯，并交由常识来集中处理。换句话说，常识是一种驾驭其他感知的超感知。但商业人士不相信这种超感知的存在。对常识的忽略，一方面，如达·芬奇所说，他们不相信这种超感知的存在；另一方面是基于对常识的恐惧，“这是常识呀，这样说显得我们太低级、太无能了，我们的品牌要有文化，要‘高大上’，说浅显的常识是一种巨大的风险”。

定位大师杰克·特劳特在《新定位》中有过这样的论述：“研究者不是因

为简单而得到报酬，而是因为复杂。”特劳特的意思很明确：简单的东西不值钱，复杂的东西才被认为有价值。

所谓常识，就是人在实践中长期总结出来的规律。《道德经》第十六章就阐释了这一古老的东方智慧：“夫物芸芸，各复归其根。归根曰静，静曰复命。复命曰常，知常曰明。不知常，妄作凶。”世间万事万物纷纭变化，最终各自返回其出发点。返回出发点的根源叫作“静”，“静”就是回归本来状态。万物会回归本来状态是常理。了解常理叫作“明理”，不了解常理就轻举妄动，会遭遇凶险。

付邦安先生力图用自己多年的实战经验，洞察本质，回归常识。

对于“洞察中国商业市场背后的营销本质”这一课题，付邦安先生以独特的视角做出了生动有趣的阐释。

其一，看透“不是什么”。

这是正本清源的第一步，即对乱象与假象、误区与误解进行透彻的剖析，可以称之为“避坑指南”。

其二，看透“是什么”。

一针见血说透事物本质，将复杂问题简单化，抓住“主要矛盾和矛盾的主要方面”，去芜存菁，含英咀华。

其三，看透“怎么做”。

所谓“方法不对，策划白费”，付邦安先生将实操经验总结成各种法则，类似“作业说明书”，便于读者实操。

付邦安先生的公司有一句口号：让企业少走弯路。

何以少走弯路？

洞察本质，回归常识。

是为序。

资深策划人 李方毅

2023 年 3 月 24 日于多伦多

推荐序2

坚持专业力量，洞察营销本质

接到为付邦安老师新书作序的电话后，我十分开心。一个月前，付邦安老师在2023第四届中国饮品营销大会上做了精彩的演讲，从苏打水品类入手，为在场的企业家、经销商深度挖掘爆品的战略核心，现场掌声不断。

在全球高端食品展览会的重要论坛上，总有付邦安老师的身影。付邦安老师的演讲充满激情，引人入胜，以案例为主，深入浅出，更重要的是在场的观众能够从中学到干货。

作为专注品牌研究多年的行业专家，付邦安老师能够凭借自己的独特见解，从品牌营销的角度深入剖析营销的本质。在我看来，营销这门学问既接地气，又很高深。它接地气是因为营销方案最终要落地市场，用销量说话；它高深是因为这门学问看起来更像玄学，有时候照本宣科地定制方案，反而适得其反。

所以，营销是策划个人魅力的体现。付邦安老师身上永远充满激情，这源于他对营销事业的热爱和对客户负责的态度。

多年前我就告诉付邦安老师，希望他能出一本书，兜兜转转几年后，这本书终于要问世。承蒙厚爱，他邀请我为这本书作序。这本书对于企业尤其是新品牌来说十分重要，因为这是一本洞察中国商业市场营销本质的书，是营销底层逻辑的体现。

从包装设计到广告语选择，从打造IP到借力营销，从塑造产品附加值到打造产品力，本书都给出了独特的见解和方法。这些见解和方法来自付邦安老师多年营销经验的积累，以及他服务众多品牌所总结的案例。

通过这本书，我看到了付邦安老师坚持专业力量的定力和具有与众不同观点的魅力。他并非照本宣科地说教，而是将自己的经验、理解与观点融合，用生动翔实的文字为读者呈现中国商业市场营销发展过程。

本书文字浅显易懂，并无生涩的专业词语，让人领悟了营销的魅力，找到了营销的方法，看透了营销的本质。这是付邦安老师多年心血的积累，更是其专业性的体现。希望这本书能够给正在纠结如何做好营销的读者带来帮助，也感谢付邦安老师能够在中国快消品行业转型的时候推出这本书，宛如一场及时雨，为品牌发展注入了新的活力。

全球高端食品展览会组委会主任　王海宁

2023 年 3 月 17 日 于上海

自　序

让企业少走弯路

当初出版《问道策划》，就是想通过我的市场商业实践总结出一些策划的方法，让营销人和企业少走弯路。

《问道策划》出版后，很多读者朋友私信我，认为这本书接地气、实战性强，符合市场的操作，读后受益匪浅。

出版社也一直催我写第二本书，但我一直没有时间思考沉淀。近两年，我对中国的商业发展有了更深刻的感悟。通过复盘自己策划的案例，洞察国内商业案例，看到背后的商业本质，终于完成本书的写作。

我在很多培训场合说过，我的书和我讲过的观点不一定都正确，它们之间是辩证的关系。我从事品牌咨询策划近 20 年，从未改变自己对策划行业的选择。我所写的观点和方法，都源于自己经历与感受，目的就是“让企业少走弯路”。

中国市场发展迅速，市场状况瞬息万变，很多时候西方思维和国内传统的方法并不适用。这就要从中国市场背后的发展看待商业真相。

我看到过很多企业老板在开发产品和推广、运营时非常任性，最终导致失败，浪费了时间和金钱。当他们回过头来想重新开始时，却发现机会已经错过。这些企业往往缺乏专业思维，缺少战略和战术，并且一味地崇拜所谓的“高大上”调性，最终葬送了发展机遇。

尤其在快消品领域，产品的更新迭代比较快，成功与失败的概率都很高，这也是快消品的魅力所在。

从事快消品行业，我曾经提出“三力”原则：一是独特的产品力，产品必须具有独特性，只有产品有特色，成功的概率才能大大提高；二是独特的产品或品牌名称，好名字是成功的一半，是吸引消费者的一个诱饵；三是独特的产品包装，图案设计、外观形状、包装材质等都应与众不同，以提升产品价值。做到这“三力”，产品上市后会主动“说话”，激发消费者的初次购买欲。

很多企业在投入大量的宣传、人力成本后，产品依然不动销，经销商压力大。随着时间的推移，最终只好选择降价，导致品牌力丧失，只能靠“价格战”维系生存，最后甚至倒闭。

这在中国是一个非常普遍的现象：投入大，产出小，最后只能埋怨市场环境差、销售团队差等。其实，问题的根源在于走了弯路。不是投入有问题，而是在产品开发、广告定位和推广时出了问题——没有看透消费者内心，没有做对产品，最终做了错位的工作。

找准定位，找好方法，才能少走弯路。

从产品开发的源头策划，找到正确的“1”，然后再逐步地画后面的“0”。

例如，红牛的“抗疲劳”、王老吉的“防上火”、OPPO的年轻人手机、元气森林的“0糖0卡”等，成功的共性是产品目标人群明确、产品功效明确、产品广告定位明确，最后通过不断地投入广告和渠道资源，使品牌逐步发展壮大。

定位不对，做啥都白费。

因此，企业少走弯路的前提是定位要非常明确，学会问自己三个问题：“在哪里？去哪里？怎么去？”很多情况下，产品失败是不知道去哪里，定位不清楚。

此次撰写《看透营销本质》，我以案例分析、观点解读的方式去分析背后的商业思维，并发现问题、解决问题，抛开“套路”，让大家更加容易理解和接受，便于应用到实际的工作当中。

“有则改之，无则加勉。”这是我在不断学习、进步的路上的座右铭。我衷心地在本书中抛砖引玉，不管是一个字、一个词、一句话或一个观点，只要对大家有帮助，也是值得分享的。

最后感谢一直鼓励和支持我的恩师李方毅，是他教会了我不忘初心，方得始终；感谢我曾经的老东家上海梅高创意咨询，让我不断升级自己，开阔眼界和思维；感谢叶茂中老师，给了我专业上的指导和启发，让我有了更高的追求；感恩遇到的每一个人，无论是批评和鼓励，都让我不断反省、前进。

付邦安

2025 年 3 月

CONTENTS

目 录

第三章 解读品牌定位 49

第四章 认知品牌命名 75

第五章 辨别包装设计 93

1

CHAPTER 1

第一章 理解战略意义

什么是战略?

很多人觉得战略是高大上的，需要正儿八经地翻书解读，查看理论指导，最后还是没有弄清楚战略的概念，越看专家的分析越不明白，因为每个专家理解的战略意义都不一样。

对于战略，要化繁为简，不拘泥于哪位专家的解释，学习对企业和品牌发展有帮助的即可。简单来说，战略就是在一定时期内有明确的方向和目标，然后制定的能解决问题的战术。

既然战略可以指方向和目标，为什么大多数企业没有获得成功？是因为不会制定方向和目标吗？肯定不全是，更多的是有了方向和目标，而没有做好实现目标的战术工作。

凡是有战略的企业和老板，其品牌发展往往能超越对手，成为行业领导者，因为其认识到了企业拥有战略的重要性，并做了实现战略发展的具体战术工作。

没有实现目标的企业和老板，更多是认知达不到一定的高度，而走了很多弯路。

不要“认知不够，辛苦来凑”，因为最终一切都是以结果来判断成败。

1

第一节

战略是企业发展的明灯

经常接触的很多企业老板问笔者：我今年做什么产品好？明年流行什么产品？

这是一种短视思维，没有从企业未来的战略发展角度考虑问题，只是想赚快钱。

考虑做什么产品只是第一步，如何做好产品才是关键。认为产品生产出来就能热卖、赚钱，而没有做市场营销动作，这本身就违背了市场规律，因此不会成功。

战略即产品，产品即品牌。

只有正确的战略定位，才能成就品牌。

每一个品牌的成功，都是战略的坚持和落地执行，企业做了很多营销推广工作。

例如，红牛、王老吉、奥迪、宝马、苹果、格力、香奈儿、娃哈哈、农夫山泉、可口可乐等品牌，都是因为多年的坚持，才有今天的成就。而它们的主要产品几乎没有变化，从品类上讲，十年如一日，确定好产品线，一直努力地在做市场。

反观很多企业喜欢投机取巧，每年都在更换产品。十年、二十年过去了，也没有打造出一个成功大单品，更谈不上所谓的品牌。

因此，成功的老板从来都是具有战略思维的，着眼于未来十年、二十年的品类格局，使企业成为某个赛道的领导者。

战略思维就是聚焦方向，聚焦资源，聚焦产品。

具有战略思维的老板是在做市场，考虑的事情是如何竞争、如何搭建团队、如何推广产品、如何让消费者购买，而不是每年想着更换产品。

战略思维的作用不言而喻，对企业来说，一旦确定生产某个产品，就要聚焦上游资源，最大化地降低生产成本，在产品成本竞争上占据最大的优势。

战略思维能够让企业的发展目标清晰可见，能够凝聚企业上下的力量，形成势能，稳定市场，最终成就品牌。

不要将战略思维理解为高大上的东西，通俗理解就是做事有清晰的目标和方向，具有长远的眼光，然后制定详细战术并坚持实施。

元气森林气泡水的卖点是“0 糖”“0 脂”“0 卡”，很受年轻人欢迎。几年时间，元气森林的销售额突破 70 亿元，给其他饮料品牌带来了很大压力。

元气森林气泡水推出“0 糖”的产品理念，颠覆了传统饮品，其他饮料品牌纷纷效仿，开始做“0 糖”饮料。

战略思维很重要，只有竭尽全力才能见成效。企业必须自下而上地做好具体的落实工作，竭尽全力地落实到一线，才会获得战略上的成功。

王老吉凉茶的成功带给我们很多启发，其整体做到了用战略思维做产品。聚焦一个红罐产品，聚焦一个口号，聚焦一个餐饮渠道，竭尽全力地在市场推广，经过多年的坚持，取得了品牌的成功。

国家也是品牌，也需要有核心大单品，在世界经济竞争中占有一席之地。所以，为了国家安全与持续发展，我国大力发展科技、军事、经济等，制定了一系列的战略规划。

目前，我国已有多艘航母下水，未来还会有更多，这既是国家军事实力的体现，也是国家发展军事战略的体现。

中华人民共和国成立后的原子弹工程，也是国家的战略规划。在当时经济、工业基础非常薄弱的情况下，我国克服困难，举全国之力，经过不懈的努力，终于在 1964 年 10 月 16 日，自行研究制造的第一颗原子弹爆炸成功。

原子弹就相当于我国的一个战略大单品，带动了我国核工业技术的全面发展，给“竞争对手”带来了一定的打击和压力。

以上案例充分说明了落实战略工作的重要性，战略不是喊口号，而是需要拿出魄力落实。

战略是面向未来的布局，是企业发展的赛道。它让我们在面对未来时不再焦虑、不再恐慌，而是通过做好眼前的具体工作，为未来的更好发展奠定坚实基础。

企业管理者必须始终具备看向未来的战略思考能力，拥有更广阔的格局。以华为为例，如今其已是中国企业的骄傲，不仅在手机领域取得了巨大成功，更以卓越的通信技术举世闻名。作为全球领先的信息与通信技术解决方案供应商，华为的成就正是其长期坚持发展战略的结果。

如果没有国际化视野、竞争危机感以及自主研发的战略意识，华为很难取得今天的成就。面对美国的制裁，华为凭借敏锐的战略眼光，及时调整战略方向，加速核心技术研发，没有在压力面前退缩或不知所措。华为在技术研发、团队管理、品牌塑造、资本运营等方面都有长期而精准的战略规划，这使其能够保持清晰的方向，不畏惧、不迷茫，知道自己该做什么。

战略是企业发展的指路明灯。一旦企业缺乏战略思维，就会很快遭遇发展瓶颈，迷失方向，如同大海上失去导航的船只，无法到达彼岸。

企业管理者更要有战略思维。必须时刻提醒自己：该做什么，坚持什么方向，要带领企业走向何方。如果没有这种思考和相应的答案，企业就难以走得更远、走得更好。

2

第二节

专业人才是战略成功的核心发动机

战略的成功实现离不开专业人才

在全球化背景下，我国面对国际形势和国内需求，常常遇到新的课题，这就需要制定相应的国家战略，如国际关系战略、金融战略、经济发展战略、军事发展战略、民生经济战略等。这些国家战略的制定，建立在我国的实际状况之上，由不同领域的专业人士提出并探索，最终形成国家战略体系。

人才的国际化、专业化是一个国家、一家企业所必备的，也是成功发展的核心基础。没有专业人才，何谈发展和卓越？

我国历史上，许多王朝的兴盛与衰落都离不开专业的人才。

如商朝的姜子牙、三国时期的诸葛亮、明朝的刘伯温等，都是熟知天文地理、军事谋略的专业人才，正是他们的专业辅佐，在一定程度上才成就了辉煌的王朝。

同样，咨询公司一定有其独特价值，不要总是想着企业内部完成所有的咨询策划，甚至成立自己的战略咨询部，结果往往并不理想。核心问题是该部门依旧属于企业，员工往往很难提出更高的见解，即使提出建议，企业也不一定采纳。

想一想，古代宰相家里为什么有那么多谋士？其实他们就是专业的咨询顾问，帮助宰相出谋划策，这样才能实现更好的发展。

恒大冰泉不专业导致失败

关于恒大冰泉没有做好的原因非常多，从本质上讲，是战略定位的失误导致市场受阻，最终没能实现产品的预期目标。

恒大集团踏足饮用水行业没有错，企业的多元化经营很正常，错误在于没有让专业的人去做，没有用专业的策划去推进，不能因为有足够的资金就随意折腾。

1. 品牌命名不专业

恒大集团的核心业务为地产，跨界做矿泉水，本身就违背了“品牌 = 品类”的底层逻辑，从品牌的根基上就出现了问题。

站在恒大集团内部角度来看，借势恒大地产品牌的成功，可以为恒大冰泉赋能，快速让消费者接受，其实这是在为消费者制造一种认知冲突。

华润的地产也做得不错，是地产行业的知名品牌，为什么不直接做华润冰泉，而是怡宝？这就体现出了品牌命名与运作的专业性差距。

反观恒大冰泉，没有遵循品牌的本质，直接用恒大品牌做跨界延伸，效果适得其反。

2. 产品定价不专业

恒大冰泉于 2013 年推出，当时 500 毫升装定价为 5 元左右，在同期饮用水市场中价格偏高。

定价策略直接影响市场定位和消费者接受度。

因为价格太高，恒大冰泉上市后，产品动销慢，做再多的广告也无济于事，最终不得不降价到 2 元左右 / 瓶。从调价可以看出，恒大冰泉想要做大销量，但这与初期 5 元左右 / 瓶的价格相矛盾，消费者会有一种上当受骗的感觉。

恒大冰泉从开始就没有很好地进行产品定位，导致产品的价格随意调整，这犯了大忌。

3. 产品包装不专业

产品价格是产品价值的体现。

产品价值一是通过产品内在的质量来体现，二是通过产品外在包装来体现。

水是无色无味的，普通消费者很难喝出水的差异，往往通过产品价格和品牌来判断产品好坏。

既然是 5 元左右 / 瓶的矿泉水，最基本的是要通过产品的包装体现出相应的价值感。但是恒大冰泉最初的包装使其看起来像价值 1 元的水，包装形象差。这就是包装设计不专业的体现，对比农夫山泉的包装，可以说是差距明显。

4. 产品核心价值定位不专业

恒大冰泉在一年内更换了多位代言人，从体育明星到影视明星。由于每个明星的定位不一样，消费者对其代言的产品价值感受也不一样。

恒大冰泉的广告诉求点也不聚焦，广告语更换频繁。“天天饮用，自然美丽”“喜欢我，就喝恒大冰泉”“天天饮用，健康长寿”“我只爱你，恒大冰泉”等，让消费者感到困惑。

恒大冰泉的产品核心价值太模糊，没有为消费者提供购买 5 元左右矿泉水的理由。后来恒大冰泉重新定位为“我们搬运的不是地表水”，貌似对标农夫山泉“我们不生产水，我们只是大自然的搬运工”，但是消费者不买账，因为让人感觉是在模仿农夫山泉。

每家成功的企业都需要精准的战略，战略的成功落地又离不开专业的人才，专业的人做专业的事，这才是成功的关键所在。

学会整合专业人才

要整合专业人才，首先需要企业管理者认识到人才的重要性，具备“三顾茅庐”的诚意，敢于分钱、敢于放权。

当年，刘备知道想要重现汉室辉煌、成就一番事业，必须有一群人。他先是聚集了张飞、关羽，通过桃园三结义，建立核心团队。接着是寻找军师人才，他三顾茅庐请到了诸葛亮，才有了后来的三分天下。

乔布斯在创立苹果公司时，也非常重视人才。乔布斯知道品牌和产品营销的重要性，他意识到需要有顶级专业人才来运营、管理苹果，于是成功招来了百事可乐的前 CEO 约翰·斯卡利，这是一种明事理的专业用人思维。

学会管理专业人才

我们经常抱怨人才难管理，尤其是有个性的专业人才，好像并不是那么“听话”。

其实这是非常正常的现象，管理专业人才需要“量体裁衣”的策略，不可随意奖励或惩罚。

既然聘请到专业的人来做专业的事，就应恪守“用人不疑”原则。

专业人才的核心诉求可归结为两点：一个是金钱利益的承诺，另一个是专业能力的展现。为了满足这两点，管理专业人才要做到最简单的六个字：肯放权，看结果。

放权给人才，使其发挥专业能力，关键是要提前设定目标，一旦达到，就要兑现对他们的利益承诺，其他不要过多干涉。

学会尊重专业人才

企业整合专业人才，目的是用专业的人做好事情，发挥其最大的专业价值，实现这一目标的前提是尊重人才。

具体什么是尊重？尊重不是表面上的客套话，而是尊重别人的付出，避免外行领导内行。

中国从原子弹爆炸到航天事业的发展，伊利从生产纯牛奶到创立伊利金典、伊利安慕希，郎平从做运动员时获得世界排球冠军到做教练时带领中国队获得世界冠军——这些都离不开国家战略、企业战略、个人战略的制定，以及专业人才的培养与执行，这样才会取得行业内的辉煌成就。

企业要想成功，必须遵循专业人才的整合原则：从战略需求出发，让专业的人做专业的事，建立企业的核心人才竞争优势。

3 第三节 战略目标在需求中不断升级

国家基本上每五年到十年都会制定战略规划，每个五年战略规划或者十年战略规划的重点不同，随着社会经济发展动态调整。

企业也是如此，通常会经历生存期、发展期、成熟期、转型期四个不同阶段。

企业战略目标的制定既要顺应市场，又要引领市场，根据消费需求进行调整。

例如，苹果智能手机的出现，引领了手机行业的进步。特斯拉电动汽车的发展，促使比亚迪调整战略，重点发力。宝马、奔驰、奥迪、凯迪拉克等传统车企也纷纷布局新能源汽车领域。尤其是以电动汽车为战略核心的国产汽车品牌，看到了消费趋势，升级战略规划。

我国在改革开放后的40多年里取得了巨大发展，未来的消费将围绕“大科技、大健康、大娱乐、大服务”四大领域展开。只要顺势而为，不断调整目标，企业就会不断发展。

东阿阿胶：从补血到滋补养生第一品牌

“滋补国宝，东阿阿胶”这句广告语耳熟能详，已经成为阿胶品牌的经典定位，也推动了东阿阿胶市值峰值突破300亿元。

阿胶的滋补功效定位使消费人群从女性扩展到全客群，适合作为礼品赠送，也契合人们的养生需求。东阿阿胶是中国阿胶领先品牌，其销售额和利润远超同类产品。东阿阿胶让阿胶行业得到快速发展，带动了阿胶产品价值的提升。尽管很多人调侃，东阿阿胶除了每年涨价并没有其他的营销手段，甚至导致“驴皮吹破”了。但2019年，东阿阿胶陷入了困境，营收同比下降59.68%。这是遇到困境的暂时表现，我们要洞察东阿阿胶品牌的发展之路，学习东阿阿胶为什么能在十年内发展得如此之快，品牌价值为什么得到几十倍的提升。

在东阿阿胶发展初期，补血功效是其核心实点。

阿胶的主要功效是补血，尤其被视为女性补血佳品。任何品牌的阿胶都具备这种功效，关键在于哪个品牌的传播声量大。十几年前，东阿阿胶以阿胶补血为卖点，成功拉动了产品销售，给了女性消费者一个明确的购买理由。但是横向对比来看，市场中的补血产品很多，红桃K、血尔等品牌长期占据主导地位。

如果东阿阿胶继续打补血的功效定位，将很难撼动这些品牌的市场地位，这是营销上经常面对的“二元法则”：在一个行业中，通常有两个品牌非常突出，引领行业发展，后面的品牌基本上没有机会突围。

东阿阿胶意识到了这个问题，虽然补血是阿胶产品的主要功效，但是整体来看，我国补血保健食品市场发展空间不大，基本趋于饱和，如果继续做下去，不会给企业带来更大的发展。

后来，东阿阿胶通过“滋补养生”的定位，成功拓展了市场空间。

东阿阿胶通过市场调研发现，随着人们生活水平的提升，消费者越来越注重养生，滋补市场逐渐兴起。各大医药连锁店的主要利润来源是参茸等滋补产品，这些产品包装精美，且很大一部分用来作为礼品。这让东阿阿胶看到了市场机会，滋补的人群范围广，市场空间大，迎合未来的健康养生大趋势。

通过查阅古籍资料得知，唐朝时，阿胶的主要消费群体是男性。所以李时珍的《本草纲目》这样记载：滋补三大宝，人参、鹿茸、阿胶。同时，阿胶作为滋补品，在很多地区都有传统认知。因为典籍记载和传统认知的存在，阿胶的定位从补血走向滋补的可能性是存在的。不仅如此，此前的补血定位聚焦女性群体，忽略了男性群体，其实男性同样需要滋补。受众从主要针对女性群体到覆盖男女群体，实现了消费人群和使用场景的双重升级。

接着，东阿阿胶的品牌定位提升到“滋补国宝，东阿阿胶”，从而提高了产品附加值。相比补血，滋补的概念更为广泛，因此销售空间大幅拓展，也为东阿阿胶未来的发展奠定了基础。

东阿阿胶实现了空间、时间、资源、竞争四个维度的升级，成功实现了品牌战略升级和品牌价值的提升，成为品类第一品牌。

如今，东阿阿胶顺应年轻化发展趋势，开始做又一次的战略升级。

东阿阿胶陆续推出复方阿胶浆、桃花姬阿胶糕等产品，提出“阿胶 +”的产品战略方向，以更好地满足年轻人对阿胶产品的需求。

奶粉战略让君乐宝乳业走上发展快车道

君乐宝曾经作为三鹿集团旗下子公司，通过代工生产积累行业经验，如今已经成为年销售额突破 200 亿元的乳业品牌，并形成了全产业链发展模式。君乐宝如今拥有多款奶粉。君乐宝奶粉已成为品牌增长的核心驱动力。2014 年君乐宝推出奶粉时，并没有被大家看好，因为国内奶粉市场一直被外资品牌占据，君乐宝当时似乎没有任何品牌优势。

君乐宝奶粉在不被看好的情况下，通过自身的努力，不仅实现了国产奶粉品牌的崛起，更重要的是让君乐宝乳业实现了质的飞跃，使其跻身中国乳业品牌第一梯队。这就是战略产品的价值和意义。

战略升级是随着市场的发展，同步优化品牌定位与产品结构。因此，企业不应被当初的单一定位所束缚，要学会与时俱进，顺势发展。

战略不仅包括企业目标、品牌定位和产品开发，还包含很多具体的战略工作。不要仅从单一的品牌和产品角度去思考。因此，企业在进行战略升级时要进行多维度分析，根据企业实际情况在需求和发展中调整升级。

4

第四节

战略规划七步法

《孙子兵法》中提及，“知彼知己者，百战不殆”。这句话强调在两军交战时，对自己和对手的了解程度是决定胜负的关键。

商场如战场，无论身处什么行业，我们都会遇到竞争对手。

要在竞争中做强做大，成为行业领导者，就需要根据实际的市场状况进行分析，制定应对策略，并根据竞争对手的实力出招。

我们要从行业、竞品、自身、政策、市场等多个角度出发，利用“战略规划七步法”制定适合自身的发展策略。

第一步：看行业，明空间

心有多大，舞台就有多大。市场是做出来的，品牌是做出来的，只有梦想还不够，必须让梦想照进现实。

梦想既是战略目标，也是行业发展方向，需要我们竭尽全力。企业在制定战略规划之前，需要认真分析行业状况，通过行业发展趋势来预测未来的市场空间，最重要的是明确自身的市场空间有多大，能够分哪一杯羹。

所以，战略规划的第一步就是要看清行业，这样才能做好产品，做好市场。

行业的发展是有规律性的，一般来说，行业发展分为起步阶段、发展阶段、成熟阶段、衰落阶段和第二曲线阶段。还有人将市场分为红海市场和蓝海市场，将产业分为朝阳产业和夕阳产业等，这些都是对行业的发展总结。实际上，不存在绝对的红海市场或蓝海市场，因为整个行业和社会充满竞争，这些只是相对的称谓而已。发展的阶段性也不是绝对的，不能仅以时间来评判兴衰，而要靠企业的引导来确定行业发展方向。

品类由企业创造，而非消费者，因为企业通过引导消费和扩大需求来塑造市场，而消费者不会自发形成新的消费市场。

第一，先进入者塑造市场空间。

企业如果是某个新品类的开创者，它就是市场空间的缔造者，但并不代表它就一定能成功。关键在于企业是否能够坚持战略，能否最大限度地投入资源，建立行业品类王国，成为行业领导者。苹果做到了这一点，它开发了 iPhone，塑造了高端的品牌形象，让模仿者和竞争者难以望其项背，从而成为行业老大。当然，不是第一个进入行业的品牌也能够成功。例如，安慕希不是第一个做常温酸奶的品牌，六个核桃不是第一个做核桃乳的品牌，营养快线不是第一个做奶味饮料的品牌，但是它们都取得了成功，成为行业领导者。

第二，后进入者占领市场空间。

如果一家企业想进入一个行业，这个行业已经有老大品牌，那么企业就要想尽一切办法占领一部分市场空间，在整个市场空间内塑造差异性，制定相应的战略规划，与行业内的老大品牌进行差异性竞争。

第二步：看竞品，明突破

迈克尔·波特于 20 世纪 80 年代初提出了五力分析模型，这一模型可以有效地分析企业的竞争环境。

这五种力量分别是：供应商的讨价还价能力、购买者的讨价还价能力、潜在竞争者进入的能力、替代品的替代能力以及行业内竞争者现在的竞争能力。五种力量的不同组合与变化，最终影响行业利润潜力。

迈克尔·波特的五力分析模型帮助企业系统评估行业竞争结构，帮助企业识别影响获利能力的核心要素，同时企业还需结合竞争对手分析框架制定相应的策略。

首先，要分析我们的竞争对手是谁，并根据竞争对手的实际状况来反思自己，找到战略突破点。企业在不同的目标市场可能有不同的竞争对手。

其次，要分析竞争对手的现行战略，研究竞争对手目前正在做什么以及将来可能采取的行动。列出竞争对手的战略并进行分析，以便企业做出有效及时的回应。

再次，要通过分析竞争实力，找出企业与竞争对手的差距，明确自身在市场竞争中的优势和劣势，更有针对性地制定竞争策略。

最后，要分析竞争对手对自身和行业的发展预测。这有助于了解竞争对手的战略定位，以及它对行业未来发展前景的预测。竞争对手对自身和行业的预测有的是正确的，有的是不正确的。通过掌握这些预测，企业可以从中找到发展的契机，从而使自身在竞争中处于有利的位置。

危机和机会是相对的，且可以互相转化，这也就是我们常说的当危机突然降临时，我们必须有化危为机的心态和策略。

例如，喜茶、奈雪的茶看到年轻人的健康化、简单化需求，推出即饮茶和糕点，赢得了市场的认可，成为热门品牌。

第三步：看自己，明利弊

战略规划的制定不是“画大饼”，而是要“量体裁衣”，注重可执行性。企业需要全面分析自身的优劣势以及外部市场的竞争态势。只有看清了自己，才能明确战略方向，才能聚焦资源、拓展市场，从而提高战略执行的成功率。

企业内部分析的对象主要包括人力资源、技术资源、生产资源、财务资源、管理资源、企业文化资源等方面。战略规划的制定需要具备前瞻性，而不是聚焦短期利益。资源匹配不当，将会导致严重的后果，甚至使企业破产倒闭。

看清自己，不仅是看清产品是否有差异性、产品产量是否充足，还要看清市场服务人员是否充足。如果企业想扩大业务规模，在规划好产量之后，首先要想到如何管理市场，如何组建相应的销售队伍来跟踪和服务市场。否则，这种扩张可能只是一时冲动，不是可持续发展。

国家提倡“绿水青山就是金山银山”理念，推动大健康产业发展。企业是否跟风进入这一领域？若有意涉足，企业需要先审视自身是否具备这种产业基因，切不可盲目投资。

第四步：看大众，明需求

企业在做战略规划时，首先要想到消费者在想什么，他们需要什么，然后根据他们的需求来开发产品。

大众的眼睛是雪亮的，大众的需求是海量的。

如果产品不符合大众需求，就很难动销，也就难以获得市场空间。研究消费者的需求状态，找到企业未来的战略发展方向，这就是“状态营销”。让大众的需求状态发生，企业给予满足，开发相应的产品，自然容易取得相应的成功。

王老吉发现了“上火”这一普遍的健康焦虑，所以提出了“怕上火，喝王老吉”。

开车人士经常处于精神高度集中状态，易疲劳，而普通消费者也会经常感到劳累，红牛找到了“困了、累了”的状态，所以提出了“困了累了喝红牛”。

总结这些成功品牌，它们都是抓住了大众消费者的需求状态，提供了简洁明了的功效定位，从而实现了产品的销量爆发。企业都是通过洞察消费者的内心需求，制定了企业和品牌的发展战略，并始终如一地推广运作。

需求并非全部都是显性的，有些存在于消费者心中，需要企业去挖掘。企业主动表达出来，相当于让产品说出了消费者的内心需求。而这需要企业引导其消费，而不是简单地满足其需求。

需求来自哪里？

它不是消费者的表面需求，不是企业的主观判断，也不是市场调研问卷的结论，而是来自社会环境下消费者的内心变化。如果战略规划能够把握消费趋势，就可能引起消费共鸣。

2020 年年初，新冠疫情暴发，我国果断采取了策略，以阻断病毒的传播。这次疫情对国人的价值观也产生了影响，人们的健康意识增强，饮食卫生更加受到重视，并促使食品、餐饮行业的安全标准提升。

同样因为疫情的影响，健身器材、保健产品、外卖等迎来了增长大爆发。

这些都是现实的消费需求，需要从生产硬件到服务软件的全面升级。

第五步：看市场，明传播

战略规划的传播策略在市场建设中起到关键作用，一定要明确面对什么样的市场，采取什么样的传播策略，从而形成自己独特的传播方式。

如果产品主攻农村市场，则应采取线上和线下相结合的方式，引导消费者，抓住消费者的跟随心理。在战略传播的规划上，要根据农村市场的特点整合资源，策划接地气的传播活动。

如果产品主攻城市市场，则要根据城市人群的生活特点和生活轨迹来制定传播策略，使其符合城市消费环境的特性。很多人认为城市人群品牌意识强，不太容易接受新的品牌。实际上，如今的城市市场正处于好时候，因为“90后”“00后”已经成为消费主力。他们更愿意尝试新鲜事物，对网络营销特别敏感，思想开放，消费意识强。面对这种情况，品牌的战略规划必须明确且针对性强。

“90后”“00后”是互联网时代的真正“原住民”。他们已经习惯了这样的生活氛围：快节奏、高强度、媒介环绕。与他们的上一代、上上一代相比，他们具备非线性的思考方式，能够快速在不同画面之间切换，接收和处理信息，并与世界进行交互。

对于他们来说，这个丰富多彩的电子世界是真实的。他们不能理解父辈为什么把它称作“虚拟空间”，因为在他们的孩童时期，所看到的一切图案、动漫、游戏等，都充满了“场景切换”“时空旅行”“生命奇迹”。

“90后”“00后”的价值观、审美观、消费观与上一代有很大不同，只有洞察他们的整体特点后，企业才能制定出适合他们的传播策略和规划，而不能按照传统的思维与他们沟通。“90后”“00后”比较突出的特点如下所示。

1. 高情感消费需求

他们喜欢“混搭”，不会一味追求全身名牌，更注重个性化消费，企业需要采取情感化的营销策略。

2. 高性价比定位

他们的消费具有一定的矛盾性，一方面非常舍得花钱，另一方面又很注重价格，关键是性价比。只要他们认为产品的性价比合理，就会很爽快地购买。对企业来说，可以从折扣品牌切入。

3. “我的地盘我做主”

“90 后”“00 后”并不在意“60 后”“70 后”把他们归类为“非主流”，事实上，他们是以自我为中心的一代。好与不好完全是“我的地盘我做主”，他们对产品的感性认知往往超过理性认知。认为产品好就点赞，认为不好就“喷”，这是他们感性思维的体现。要想获得他们的好感，不是让他们感动，而是要让他们激动。

4. 注重网络与通讯工具

“90 后”“00 后”中有很多所谓“宅女”“宅男”，他们在物质丰富的环境中长大，对于他们而言，网络世界甚至比现实世界更为重要，因此传播需要借助网络的力量。尤其是手机，它已成为一个多功能的生活工具，可以满足上网、听歌、看视频、拍照、玩游戏、翻译、购物、直播、工作等多种需求。在传播方面，企业要根据他们使用手机的习惯制定策略，满足他们的生活需求。

5. 看重个性化的限量营销

什么样的产品最酷、最值钱？当然是稀缺的产品。对于崇尚自我个性、追求与众不同的“90 后”“00 后”来说，得到一款稀缺产品会让他们感到兴奋或满足。例如，中国李宁的“悟道”系列掀起了国潮消费热潮，推动李宁的业绩迅猛增长。

针对核心消费人群，企业除了采取多样化的营销手段，还要让品牌和产品传播形成独特的风格。

第六步：看政策，明方向

营销就是生态竞争，既然是竞争，就要看清环境。

企业必须看清社会发展的政策方向，才能够制定符合社会政策的企业发展战略，顺应时代潮流，才可避免与社会背道而驰。

社会政策主要包括与民生发展密切相关的重大决策，例如，我国 20 世纪 70 年代末开始的改革开放，2001 年加入 WTO（世界贸易组织）等，都是中国经济发展的关键点，企业要根据政策方向来制定企业的战略方向。

企业可参考政府的经济政策，如重点扶持什么产业、计划淘汰什么产业等。还可参考对企业经营行为具有约束力的法律法规，如《中华人民共和国反不正当竞争法》《中华人民共和国税收征收管理法》《中华人民共和国劳动法》《中华人民共和国环境保护法》及相关贸易法规和协定等。

经济环境主要包括国家的经济制度、经济结构、产业布局、资源状况、经济发展水平以及未来的经济走势等。例如，银行利率、汇率水平、通货膨胀率、人均就业率、人均收入水平、能源供给成本、市场化程度、市场需求状况等，都是经济环境的重要组成部分。

社会文化环境指组织所在社会中的民族构成、文化传统、价值观念、宗教信仰、教育水平等因素。

技术环境指与企业产品相关的技术、工艺、材料的现状和发展以及应用前景，企业尤其需要关注可能引发产业变革的新技术和新发明。

（1）国家重点投资和政策支持哪些新技术？

（2）新技术是否提高了企业的营运效率？

（3）新技术是否提高了产品和服务的质量，或降低了成本？

（4）新技术是否为消费者和企业提供了更多的创新产品、服务与消费体验？

（5）新技术是否会导致全新商业模式的出现？

社会政策导向直接影响资源配置方向，为企业战略发展指明道路。

目前正朝着绿色节能技术方向发展，从世界和我国的发展趋势来看，这是共同的方向。这就给汽车、电子、材料、化学、建筑、照明、能源等行业指明了方向，只有顺应世界发展的潮流，才能赢得市场，并实现更好的发展。

我国未来发展的重点产业包括：一是农业，推动农业产业化，提高农业质量和产量，助力中国农业向品牌化方向发展；二是服务业，大力发展服务业，作为拉动内需的产业，通过服务促消费；三是高科技产业，重点围绕医疗、教育、康养等民生领域，大力发展以科技创新为主的产业服务，聚焦大数据驱动下的各类互联网业态创新。所以，在我国的政策环境下，企业战略规划应顺应社会发展趋势，契合我国的基本国策。

第七步：看实际，明执行

战略的制定必须建立在科学的基础上，通过系统分析研究明确企业的发展方向，而不是为了一时鼓舞人心而画的“饼”。

战略的制定要建立在企业能够执行的基础上，这样才能实现战略规划的价值，否则只能沦为无法实现的“乌托邦”。

企业需从了解竞争对手入手，统筹考虑利益相关者（包括股东、员工、供应商等）的需求和期望，合理安排和利用资源并找到能够实现目标的策略，如人力资源、资金等。这种现实的目标策略要有可行性，让企业内部的资源能够支撑战略的投入需求，让外部的市场资源能够支撑战略布局，只有做到内外结合，才能推动战略落地，创造价值。

战略目标应该保持一致性和可实现性，而策略应该具有灵活性，不能一成不变，应根据实际市场环境的变化及时进行调整，做到“适者生存，优胜劣汰”。

判断商业战略规划是否具有可执行性和可操作性，主要考虑以下几个关键因素：

（1）市场的需求空间有多大。

（2）竞争对手的实力如何。

（3）企业自身生产能力如何。

（4）企业整体人力资源是否匹配。

（5）企业未来需要的资金投入有多少。

（6）产品的竞争力如何。

（7）产品的动销能力如何。

（8）产品的研发能力如何。

（9）产品如何升级换代。

（10）企业的资本整合能力如何。

只有看清企业自身的优劣势，才能明确战略的执行能力，预估未来的市场竞争结果。商业战略规划一定是以消费者需求为核心，以企业的执行能力为基础，紧密围绕市场，确保切实可行。

无论多么宏伟的战略，无论是长期还是中期战略，如果没有执行计划，战略都将成为一纸空文。制定战略实施计划是战略落地的关键环节。

因此，在完成战略规划制定后，应着手制定第一个三年实施计划，推动战略逐步落地。

2

CHAPTER 2

第二章 认清产品创新

很多人谈产品创新，也经常说企业需要创新，好像企业不创新就会倒闭。

然而，回顾历史，创新企业的存活率如何?

成功的是少数，堪称凤毛麟角。原因是什么?

难道走创新的道路不对吗? 当然不是，创新是企业发展的必由之路，但失败的原因有很多，关键在于两方面：一是创新的方向不对，没有迎合市场需求，没有让大众认可，产品创造不了价值；二是创新的时机不对，产品不能与消费者同频，最终沦为失败的尝试。

产品创新要顺势而为。阿里巴巴、腾讯、京东、小米、瑞幸咖啡、比亚迪之所以能够成功，是因为它们立足新形势下的发展机遇，找准了方向，顺应了消费者的需求。

如今，随着微信、快手、抖音、小红书等平台的发展，企业若想通过这些平台实现销售突破，就必须深入研究用户的心理和需求，做到“量体裁衣”“因地制宜”地开发产品。

1

第一节

产品不对，创新白费

做正确的事比正确地做事重要，顺势而为，方可成功。

顺势有两种解读：一方面，是社会环境的大趋势，这种趋势势不可当，企业必须与时俱进，否则逆势而行，必然是败局；另一方面，是消费趋势。企业需要开发适合消费者的产品，因为消费者具有从众心理，只有符合消费趋势，产品才能成功。

即使是娃哈哈、农夫山泉、可口可乐、统一等一线品牌，有时开发的产品也会出现滞销情况，原因是产品定位不符合消费者需求。

品牌、渠道、广告本身都不是问题，问题出现在产品的定位上面，这是失败的原点。

很多一线品牌认为自己是大品牌，对于新品的开发认知不足，对于产品的定位策划更是自负，因此导致产品上市后，没有赢得消费者的认可。

例如，农夫山泉的打奶茶、六个核桃的2430核桃乳、统一的够燃植物能量饮料的销售情况均不佳，达不到新品的销售预期，更没有创造爆品现象。

产品不迎合大众习惯，创新也是昙花一现

如今，一些非常有个性的产品不断涌现，名字五花八门。这些看似有个性的名字和包装的产品，似乎都在自我吹捧，行业内的一些企业老板和所谓专家也在拍手叫好，仿佛这些产品不火就没有天理。

从经销商的角度来看，他们更关心几个问题：企业准备投入多少资金？如何开拓市场？能坚持做多久？消费者是否真的愿意买单？

企业需要认真思考这些问题，并确定切实可行的策略，确保产品推出后能够有效执行。

然而，真正愿意脚踏实地做市场的企业又有几家？很多企业只是在哗众取宠、孤芳自赏，甚至沦为圈钱工具，“割”经销商的“韭菜”。

回顾每年的糖酒会，都会推出许多所谓的“好”产品：内容物不错，有差异性，包装也不错，很有个性，似乎前景广阔。

然而，糖酒会过后，真正能持续销售的产品寥寥无几，仍在坚持的企业更是凤毛麟角。

我一直认为，成就一个大单品、成就一个品牌，需要企业长期的积淀和坚持，不是做完“三拍”就结束了。

所谓“三拍”，一是上新品时激情高涨，大拍胸脯；二是产品滞销时着急上火，大拍桌子；三是产品停产时唉声叹气，一拍脑袋，下一年又推新品。这就是大多数企业的循环战术，一晃三五年甚至十年过去了，企业没有大的发展，更没有成就品牌。

很多所谓的创新产品是哗众取宠，产品本身并无实质创新，只是换一个包装、换一个名字，招商一轮后推向市场，结果销量不佳，很快被市场淘汰，不仅“坑”了经销商，企业也难逃昙花一现的命运。

如今，产品力升级成为趋势，消费者需要真正的好产品。

“0糖”“低糖”“0脂”“轻脂”等健康理念是快消领域的消费主流，

年轻消费者越来越注重保健养生，“成分党”越来越多，他们买东西更倾向于查看产品配料表，配料越简单越好，因为这意味着添加剂少，产品更健康。

如今，“黑水”还能火爆吗？“轻饮料”还会热销吗？“鸡尾酒”为什么遭遇滑铁卢式的崩盘？“玛咖饮料”还能继续忽悠吗？“二锅头汽水”还能看到吗？

这些曾在糖酒会上刮起的噱头旋风，如今市场表现不佳。原因是，产品不是健康的、好喝的，经不起消费者的检验，只能吸引一次性购买，难以形成长期的产品力。这些企业也没有把产品当作 5 年乃至 10 年的品牌路线来运作，而是仅仅依靠产品概念的创新来吸引消费者。

为什么蛋白饮料品类的牛奶、核桃乳、椰汁、豆奶能够长期稳定发展，甚至在一些区域占据主导地位？原因在于这些产品质量可靠，且符合市场需求。

牛奶市场一直稳步发展，关键在于牛奶富含营养，符合消费者对健康饮品的需求。包装饮用水为什么稳步发展？因为城市化进程的加快、近郊游的火爆等，包装饮用水市场日益广阔。

无糖茶饮料市场为什么能够爆发式增长？以东方树叶为例，其坚持多年，终于实现销售额突破百亿元，这背后是健康理念对市场的有力推动。

产品做出来是为了服务消费者，而不是首先愉悦企业自己

进行产品创新之前，企业应先研究消费者的习惯，根据消费习惯来开发产品，使其成为消费者愿意持续购买的产品，这样的产品才是成功的。

华为的任正非曾经在企业内部开展“反幼稚运动”，坚决摒弃、反对为了技术开发而开发产品的行为。

很多企业的创新产品就是为了所谓的功效或功能，而不贴近市场，更不为消费者所熟知，最终只能黯然退市。

我曾接触过一位获得王老吉品牌授权的客户，他当时正在开发绞股蓝饮料。那时，我也是第一次听说绞股蓝。该产品的包装采用方形利乐砖包装，售价 5 元 / 盒，还有礼盒包装形式。当时我的第一反应是告诉客户，这款产品不可能成功，建议他不要做了。客户很诧异，问我为什么，我的答案很简单，连我做策划的都是第一次知道绞股蓝，更何况是大众消费者。后来的结果验证了我的观点，此产品上市后不久就失败了。可能有很多方面的原因导致绞股蓝产品失败，但从产品创新上来分析，缺乏对产品的认知，失败就不会是意外。

所以，创新不能是没有目的、没有战略思考的盲目创新，更不能是主观臆断的随意创新，而是要从市场、企业、竞争等多角度出发，做到“知行合一”。

产品是“1”，其他的是“0”

产品是“1”，其他的是“0”，很多企业正是因为产品策划的失误而走向失败。

产品创新需要做到“三独”，即提出独特的内容物、独特的名称概念和独特的包装。我将其称之为“‘三独’打造产品力”法则（见图 2-1）。

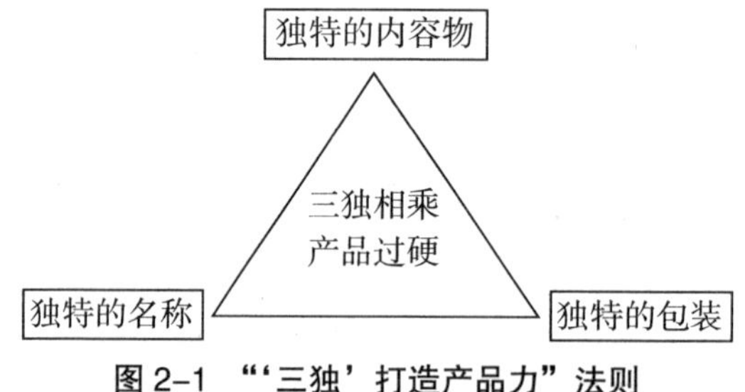

图 2-1 “‘三独’打造产品力”法则

内在品质 + 外在气质 = 产品力

企业只有把产品力打造好，才能实施后面的一系列营销推广工作。否则，企业难以走得长远，更不会成为产品品类领先品牌。

产品的“1”包含很多内容，企业需要根据自身的战略定位来决定开发什么样的产品，产品本身就是战略的体现。

企业战略决定了产品的开发方向。企业需要从价格、原料、包装、规格、渠道、市场等多个方面考虑，找到符合战略的产品策略，从而打造出优质的产品。

不是高端的、价格高的产品才是好产品。真正的好产品应满足以下三种条件：一是符合企业自身发展需求；二是满足市场消费者的实际需求；三是与竞品相比，具有一定的市场竞争力。只有同时满足这三种条件的产品才是好的产品、对的产品。

如今，随着量贩零食店渠道的兴起，许多零食产品以价格低、味道优的特点实现了极致性价比。这通常采取的是工厂供应链模式，其核心要求是产品定位为物优价廉。

做正确的事最重要，只有选择正确的产品，才能实现品牌的成功。

2

第二节

创新不是成功，做大才是赢家

成功的标准是什么？没有固定答案，成功有很多种解释，它并不是单纯地获得金钱和地位，完全满足个体的需求也是其中一种。

创新产品的成功标准是什么？是将创新产品做大，成为市场第一或者唯一。否则，创新可能没有太大的意义，甚至可能为他人铺路。

华为、腾讯、比亚迪、伊利、蒙牛、青岛啤酒等品牌持续领跑行业，实现销售额和利润双丰收，它们是品类品牌的真正赢家。

通过这些品牌，我们可以洞察其背后的发展规律：凡是做得好的企业，都是在自己熟悉的领域深耕，逐步积累优势。

第一个创新者未必是最大赢家

伊利品牌之所以发展良好，一是得益于伊利品牌的强大背书能力，二是拥有明确清晰的产品策略，长远规划，大力投入，经过时间的沉淀，最终在产品品类上取得了成功。

伊利安慕希增速飞快，原因在于伊利看到了常温酸奶的市场空间，并制定了相关的传播策略、促销手段和市场规划。看到伊利安慕希每年的线上线下广告投入就可想而知，伊利的目标不仅是成为常温酸奶品类的第一，还要实现产品销售和利润的最大化，成为常温酸奶领域的“航母”。尽管光明莫斯利安是第一个推出常温酸奶的品牌，但是其后劲不足，最终被伊利安慕希超越。如今，安慕希的年销售额已突破300亿元，与光明莫斯利安已经不在同一个竞争层级。

产品的创新并不难，难的是创新后的坚持，以及通过创新为企业带来持续性增长，让企业通过产品创新再上一个台阶。

统一老坛酸菜方便面虽然曾被曝光酸菜的质量安全问题，但该产品一度让统一在方便面的口味赛道中领跑。近几年，统一在饮品和食品领域尚未打造出年销售额50亿元的单品。尽管有海之言、小茗同学等产品曾取得阶段性成功，但是距离实现产品的可持续性发展还有很大差距。

在快消品行业内，很多人欣赏统一的创新精神，其每年都会推出很多新品，可以说创新度十足。就笔者看来，统一在新品推出时缺少整体的产品战略规划，导致很多产品初期很吸引眼球，而最终未能获得持续成功。例如，统一的中式饮料“如饮”系列、果蔬汁“微食刻”系列、果汁饮料“怡赏”系列、即饮咖啡“雅哈HEY”系列、椰子汁“UNIYES头道榨”、功能饮料“UNISPORT”、利乐包装奶茶“小野奶茶”等产品，虽然产品种类繁多，但大多只是借助统一的渠道优势完成铺货，而没有对产品进行重点推广，导致产品虽多，而最终没有太高的质量。

虽然统一内部有“十年树木”理念的产品品牌成长规划，但是对新品开发还是相对过多，应该多做聚焦。

换个思路，俗话说：“生而不养，养而不教。”这是做父母的失败，企业同样如此。从大局观出发，企业一定要对产品负责，让它为品牌加分、为企业赚钱，而不是放任自流。

农夫山泉的茶π、东方树叶发展良好，无论是销量还是口碑，都是全线飘红。农夫山泉的茶饮目标非常明确，就是要区别于传统的统一冰红茶和康师傅绿茶，塑造年轻人喜欢的健康茶饮。

市场不缺少新品，在休闲食品和饮料领域，许多企业都在积极创新，尤其在产品的内容和包装上面，创新成分最多。

通过每年的全国春季糖酒会就可以看出，很多中小企业推出了酵素果汁、山药原浆、木耳饮料、黑蒜饮料、烤酸奶、樱桃汁等产品。如果从物理属性的功效上看，这些产品似乎都有市场，但是在现实市场中，消费者是否能接受是个问题。很多创新只是企业的“意淫”而已，根本不具备做大、做强的实力。

康师傅为什么最近十年发展不好，达不到企业的理想状态？本质是缺少创新产品，对市场没有深入挖掘和引领，经常跟随模仿，因此难以取得太大的突破。

这种大企业缺少的是定位准确的产品，因为并不缺品牌、渠道和资金，与娃哈哈属于一类企业。如果不能打造出超级大单品，就很难带动企业的增长和发展。

在当前环境下，食品饮料企业要学会用“三眼”看产品，不可不创新，不可创新后不主动引导，一定要坚持把创新产品做成大单品。

第一眼看企业的需求，站在企业发展的角度，俯瞰整个企业的发展布局，明确应该做什么样的产品，而不是只顾埋头做自己认为好的产品。

企业既然想创新发展，一定是建立在创新产品能够带企业迈上一个新台阶的基础上，起到增加利润，或者打翻身仗的作用，而不是简单的研发创新。

创新后，企业后续的推广需要人力、物力。如果企业不能做到资源充足，创新就难以取得大的成功。

第二眼看竞争对手，既然要做产品品类的老大，把销售额做大，就不要轻易进入已经有品类老大的领域，否则只能处于被动。一定要走一条差异性道路。

如果一个行业有了百亿元乃至千亿元级别的领军品牌，则要想颠覆其位置非常困难。因为领军品牌早已深入人心，要想改变，需要花费大量的时间和资金，最终也未必成功。

第三眼看消费者的需求性质，不要做需求可有可无的产品，一定要做可持续消费的产品，只有这样的产品才能创造更大的市场空间。

埋在实验室做的产品创新不一定适合市场需求。华为的任正非提出，要多听听一线的“炮声”，不要局限于实验室的产品。

只有当消费者的需求空间足够大时，产品才有发展前景，才能成就品牌。

一棵橡树可以供几代蚂蚁生存，而养活一头狮子可能需要几百平方千米的草原。

企业和产品市场也是如此，创新产品要看未来市场空间有多大。如果需求只来自少数人，则很难成就大品牌；如果需求人群多、消费频次高，很容易成就超级大品牌。

阿里巴巴之所以能够取得巨大的成功，是因为其定位非常清晰。做淘宝时，它面向广大中小企业喊出了“让天下没有难做的生意”的口号，吸引了许多实体企业。

创新要务实、落地，最终产品上市后，能够做大才是赢家。

创新产品要带有战略思维，才能成就超级大单品。否则，只是昙花一现，无法改变企业的本质。

3

第三节

产品内容物不是唯一的创新方式

一个品牌的成功离不开伟大的产品创意，即超强的产品力。

产品要好，产品内容物要过硬，这是品牌发展的规律。

进行产品创新时，大多数人的第一反应是在产品内容物上下功夫，力求与众不同，认为只要产品好，就能够卖得好，成功的机会就大。

但是，为什么很多企业做了好产品，仍然卖不动呢？原因是多方面的，产品畅销不仅需要品质好，还需要有效推广和引导消费者的认知。

产品固然重要，但从品牌角度来看，给产品定义什么样的价值更重要。产品价值不是单一的，而是可以从多维度塑造的。

例如，农夫山泉的水卖得不错，是个大品牌。单纯从水的内容来看，水无色无味，消费者很难喝出不同品牌的水的差距。但是，农夫山泉给自己的价值定位是“农夫山泉有点甜”“我们不生产水，我们只是大自然的搬运工”，主动贴上了这种标签，塑造了农夫山泉水的品牌价值。

产品创新，从字面上的理解在于产品，但从营销视角看，要想实现产品畅销，不能仅依赖产品内容物，还需要多元营销创新支撑。

在自媒体时代，产品创新不仅是产品本身的与众不同，在推广方面更要另辟蹊径，利用与众不同的营销手段，赢得消费者的认可。

包装创新，带动销售的提升

企业都比较注重包装设计，力求提升包装材质的档次，使设计更加美观、简洁、大气。这种包装的升级创新是产品形象的提升。

包装创新是在不改变其产品内容物的情况下，通过改变包装方式，实现产品的价值创新，从而延长产品生命周期。例如，娃哈哈 AD 钙奶二十多年前就畅销，如今为了迎合年轻人的需求，在包装规格和包装图案上进行创新，推出了“国潮青春版”，主打怀旧的情怀，实现了产品的二次升级发展。这是包装创新在市场定位上的成功案例。

小罐茶的成功也离不开创新的小罐包装。独特的充氮气小铝罐，提升了产品档次，解决了消费者一次性饮用和外出携带茶叶的便利性需求，塑造了品牌的包装符号。

汽车的外形设计也应该看作包装设计，无论车内饰如何，发动机等配件如何，消费者第一眼看到的是车的外形设计。所以，汽车的外装设计能够为其带来更高的附加值。最近这几年，国产车的销量不错，除价格优势，国产车的设计水平提升了很多，满足了目标消费者的审美需求，推动了产品销售。

即使是行业老品牌，也要随着时代发展不断更换产品的包装设计，这既是为了与时俱进，也能避免消费者审美疲劳，从而防止产品销量。例如可口可乐、百事可乐、王老吉、雪花啤酒、轩尼诗、奥利奥等品牌，经常会推出纪念装产品，不但可以引起消费者关注，增加品牌的热度，更可以增加其销量。

产品概念创新，提高产品附加值

相同的产品内容物，采取不一样的产品概念，会导致截然不同的市场结果。

娃哈哈的营养快线取得了巨大的成功，除了渠道和广告的推动，其产品概念的创新同样功不可没。虽然营养快线与其他果乳饮料类似，但品牌没有在宣传中直接表明产品类别，而是突出了“营养”这一概念。

笔者服务过的“健参”黄金海参粥也是一个典型案例。此产品曾被选为上海世博会专用海参产品，但市场销售很不理想。我们在不改变产品的情况下，提炼了“健参”的营养概念，避免直接使用“黄金海参粥”这一名称，因为当时市场上海参粥质量良莠不齐，已经影响了消费者的认知。所以，我们强调产品不仅是粥，更是含有健康的海参——每罐产品里面都含有半只深海刺参。所以，想要提升产品价值就必须让产品概念具有销售力。

除这种产品概念，很多产品还提出了让消费者易于理解和认可的功能性概念，如“原浆核桃乳”“高钙核桃乳”“高钙牛奶”“低脂牛奶”“黑糖话梅”“老酸奶”“老桃酥”“0 蔗糖酸奶”“无糖沙琪玛”“精酿啤酒”“手工牛轧糖”等。这种概念一般是行业通用术语，无法注册商标，但是可以与产品特性结合，提高产品特性附加值，从而促进销售。

渠道创新，开辟新的利润增长点

渠道是营销 4P 理论的重要组成部分，永远不会过时。产品要想实现销售，离不开渠道的支持，而正确的渠道策略能够帮助产品实现最大化的销售效果。

俗话说，放高顶点，放宽底边。

在渠道布局上，既要注重高端渠道的拓展，也要广泛覆盖基础渠道。拓宽渠道不仅可以避开竞争激烈的市场区域，还可以实现销售增长。

王老吉通过餐饮渠道的推广，让消费者快速认识并尝试产品，进而成功推向全国市场。八联杯酸奶开始推广时，通过与商务连锁酒店合作，实现了不错的销售业绩。酒店客人早餐可能需要酸奶，八联杯酸奶不仅能满足其需求，还方便卫生。

干吃面通过与网吧的合作，成为网民深夜的便捷夜宵。它既避免了泡面繁琐的泡水过程，还防止汤水打湿桌面。红牛则通过在高速服务区的终端推广，对目标人群实现了精准触达。

如今，外卖平台、抖音商城等线上渠道已成为企业发展的重要助力。特别是在疫情防控期间，社区团购渠道为生鲜类产品提供了新的销售机遇。

广告创新，实现传播的差异性

同样的产品，通过不同的广告创意可以体现出产品的差异性，引起消费者的关注和购买。在产品同质化严重的环境下，广告创意创新有时会起到意想不到的效果。

农夫果园的广告语“农夫果园，喝前摇一摇”，引发了大人和小孩的模仿热潮，进而推动了产品销售。农夫山泉矿泉水春夏秋冬系列广告片，被网友誉为“史上最美广告片”。广告以动物世界为主题，传达了什么样的水源孕育什么样的生命的理念，以此来展现农夫山泉的优质水源。

营销创新，改变产品的行业地位

互联网时代造就了许多千万富豪、亿万富翁，也让敢于创新网络营销的企业实现了产品的畅销，并树立了品牌地位。

可口可乐这个百年品牌就敢于进行营销创新，曾通过“昵称瓶”“歌词瓶”等赢得了年轻人的青睐。如“白富美”“高富帅”“月光族”“喵星人”等具有互联网特色的昵称海报，引起了网民的热烈讨论。这些产品陆续推出后，掀起了购买的热潮，实现了品牌影响力的提升。

江小白“表达瓶”推出后，在互联网掀起了舆论风波，使其品牌家喻户晓，堪称白酒行业的“奇葩”。江小白通过与消费者互动、培养“粉丝”群体、发布线上原创内容等方式赢得消费者的关注和认可，曾实现年销售额约30亿元。

百雀羚品牌历史悠久，但是在中国化妆品被外国品牌包围的情况下，很难突围，其品牌形象和品牌价值也未被广泛认可。借助国货崛起的契机，百雀羚通过借势营销，实现了品牌价值的回归。

百雀羚在2017年上半年推出一则时长约6分钟的长镜H5，阅读量达数千万， 使其品牌迅速霸屏。

百雀羚的这种霸屏营销在某个阶段确实提升了品牌知名度和认知度，但也被很多人批评为“叫好不叫座”，认为对产品销售没有起到直接的拉动作用。然而，这种营销实际上是四两拨千斤的品牌推力，不是简单的降价促销，而是对品牌传播具有重要战略意义。

所以，企业一定要根据自己的产品力、品牌力和营销力来制定策略，选取适合自己的方式和方法。

建议中小企业在产品包装和概念营销上多做文章。中小企业品牌力比较弱，不适合开发“奇缺怪”产品，缺乏引导消费的能力。

成熟的大品牌在产品创新方面更适合通过内容物创新的方式来实现突破。通过大规模传播推广新品，成熟的大品牌可以巩固行业领先地位，从而打造辉煌的明星产品。

4 第四节 产品创新要有战略意义

为什么要做产品创新?

开发新品不是简单增加一个产品包装，而是要求新品本身必须具备极高的价值和战略意义。

推出新品，是为品牌发展不断注入新鲜血液、保证品牌生命力的重要手段。

在营销的4P理论中，产品是第一位，价格、渠道和促销都是基于产品展开的。产品是基础，是“1”，没有产品，其他一切都是“0”。

因此，企业的发展离不开产品创新，它是企业持续发展的核心动力。

想要通过产品创新实现企业的更大发展，就必须从企业战略发展角度出发，用战略思维看待新品，做好新品的长期推广，将其塑造为行业或者品类中的知名品牌。

2010年12月，伊利正式宣布更换新标志。这一举措是伊利公司战略发展方向的需要，也是伊利品牌转型的需要。进一步分析伊利的产品线，很容易发现伊利所有产品开发都是根据品牌发展战略进行调整的。

“伊利，滋养生命活力”的品牌口号指明了伊利产品线的开发方向。

所以，伊利的奶粉、奶酪、牛奶、奶片等产品都是围绕这一品牌口号进行开发和延伸。无论是液态奶系列、奶粉系列、冷饮系列还是奶酪系列，这些产品线的传播核心都是“伊利，滋养生命活力”。

品牌战略是方向性的规划，具体实施要以产品为依托，因此产品线一定要与品牌战略保持一致。产品线的延伸要符合公司发展战略，在不同阶段、不同市场中，产品的开发应承担差异化的战略职能。

企业应该从战略的角度去思考新品的战略规划，做到运筹帷幄，一切尽在掌控之中。

第一，抓住新品开发市场时机。

所谓“天时、地利、人和”，新品开发也必须讲究这一原则才能成功。其中，“天时”至关重要。新品开发要时刻关注社会趋势、时代潮流和市场发展，瞄准市场需求与目前市场的空白点，抓住时机，开发符合市场需要与未来趋势的新品。

2022年年底，电解质水火爆全国。因为疫情，国人开始了解电解质水。随后，东鹏补水啦电解质水和猩猩暴走低钠电解质水等产品相继走红。

第二，评估新品市场容量。

新品开发前，企业要充分评估其市场容量，预测该类产品的市场前景和发展趋势。

有些品牌虽然产品概念新颖，但市场容量有限，最终陷入难以规模化发展的困境。

新品市场容量评估需关注市场空白地带。

现在各行业产品同质化严重，竞争异常激烈。新品开发需要树立“市场第一”意识，因为消费者对企业和产品形象的认知往往是先入为主的，他们更易认可率先上市的产品。

因此，如果采取抢占市场策略，就能够在市场竞争中捷足先登，利用先入为主的优势，率先建立品牌偏好，进而取得丰厚的利润。而且，从市场竞争角度看，抢先一步能让竞争对手被迫跟随。企业若不满足于现有市场，不断地更新换代，开发新产品和新市场，就能让竞争对手疲于奔命。这就好比一个不断移动的目标要比一个固定的目标更难被击中。如此一来，企业便能取得竞争优势。

例如，蜜雪冰城占据了低端水吧市场，妙可蓝多占据了奶酪市场，在这些品牌进入市场之前，相关品类尚没有明确的领军品牌，它们得以成为领军品牌。

这就是空白市场的“第一法则”，谁率先占据市场，谁就可能成为行业老大。

选择正确的方向是新品开发成功的第一步，也是最关键的一步。只有保证新品所在领域具有可持续性、发展空间足够大，并能为品牌发展提供良好环境，产品才有可能脱颖而出，占据市场领先地位。

第三，产品创新要根据企业整体实力进行布局。

产品开发是企业市场营销中的重要环节，选择合适的新品开发策略，直接关系到企业的市场占有率和发展前景。产品线的开发与规划，首先要基于企业的整体实力，避免盲目开发。

1. 根据企业的资金实力定位

一般情况下，如果企业资金有限，最好集中开发自己最熟悉、最具优势的产品。这样可以把产品做精、把销售做准、把服务做细，既可以降低成本，又可以提高品牌竞争力。

如果不结合实际状况进行产品开发，企业在原料、包材、人工、物流等多方面的资金投入可能超出承受范围，进而影响市场表现和销售业绩，甚至危及企业生存。

2. 根据企业自身的技术优势进行产品定位

新品开发既体现企业科研创新能力，也考验资源整合与市场转化水平。

企业应发挥优势，扬长避短。例如，有的企业虽然有很多条生产线，但是设备相对落后，生产不出与时俱进的产品，此时就要考虑是否进行设备升级。如果不升级，企业就难以取得突破。

企业的生产技术条件限定了产品定位范围，形成路径依赖困局。但是要想实现更大的发展，企业必须根据市场和竞争对手的情况，及时迭代生产技术。

如今，很多企业选择跨界，旨在寻找新的利润增长点，为企业的持续发展注入新活力。跨界不是不可以，但企业必须从产品技术入手，整合强大的产品技术团队，确保产品质量，否则可能会惨败。

3. 根据企业销售团队而定

产品线的规划应以销售团队的能力为基础。如果没有足够的销售团队来推广产品，即使产品种类丰富，也难以取得成功。市场运作需要人员的开发和维护，因此企业必须根据企业人员能力合理规划产品开发。

在企业没有成熟的销售队伍时，大力推出新品会导致营销服务跟不上，经销商流失，使企业陷入被动。在没有销售团队的情况下开发新品，也很难遵循“重营销、重渠道”的市场法则。

新品创新并不适合所有企业。要想实现新品成功，从开发阶段就需要做好充分的准备，综合考虑企业的经济实力、生产能力、销售团队、市场空间等方面，不打无准备之仗。

无论企业规模大小，新品开发一定要建立在切实可行的基础上，做到“量体裁衣”，避免“虎头蛇尾”。否则，不仅会损害企业的信誉和品牌的美誉度，还会影响经销商的利益，不利于企业未来的发展。

总结产品创新的战略思考，关键在于三点：发展时机、发展空间和发展实力。

请牢记：战略新品是企业升级发展的关键利器。

战略新品能成就品类大品牌，因此必须以战略思维对待新品，从竞争、销售和品牌三个维度进行思考，为新品开发谋划布局。

3

CHAPTER 3

第三章 解读品牌定位

提起定位，人们往往会联想到一些相关的成功案例，如王老吉、香飘飘、郎酒、长城汽车等。然而，我们往往只看到了其成功的表象，而没有深入分析背后的过程，不知道这些品牌背后的成长历史，以及它们在什么背景下进行了定位战略的规划。

也有人说定位如今不适用了，不适合中国企业，尤其是中小企业，认为它只适合大企业，且依赖大规模广告投入。

定位到底是什么？定位能不能解决企业发展和品牌问题？很多人学习定位多年，但是企业依然没有实现很好的发展，而有的人利用定位取得了不错的成效，这使大家对定位的认识存在分歧。

我们要客观解读品牌定位，不否定、不迷信、不盲目，学习定位的思考方式。在决定是否将其应用到自己的企业或者项目当中时，一定要基于实际状况，切忌照搬模仿、生搬硬套，而应灵活吸取精华，遵循“适合的才是最好的”原则。

1 第一节 品牌定位不是找卖点

定位是什么？

品牌定位是什么？

产品定位是什么？

市场定位是什么？

人群定位是什么？

价格定位是什么？

定位成了一个流行词语，这与“定位之父”杰克·特劳特有很大关系。尤其在中国，关于定位的书籍和培训课非常多，大家多多少少都听说或者接触过定位。

品牌定位不是简单地找产品卖点

很多时候，企业在进行产品策划时的惯性思维是找产品卖点，认为找到了产品卖点就是定位。

其实这是一种局限性思维，而不是消费者导向的思维方式。消费者需要的是买点。

卖点可以从产品中提炼很多，买点只需要核心的一个就足够了，需要一个打动消费者购买的理由，也就是定位。

简单来说，品牌定位就是建立消费者对产品品类的认知，也就是这个品牌是什么产品，要成为这个产品品类的代表。例如，长城汽车等于SUV（运动型多功能车），波司登等于专业羽绒服，飞鹤奶粉等于中国宝宝自己的奶粉，香飘飘等于杯装奶茶等，这些都是品牌定位的结果。而卖点是对品牌定位的背书和支撑，两者是截然不同的概念。

鲁花的广告语是“滴滴鲁花，香飘万家”，一个“香”字是产品卖点，但香不是鲁花花生油独有的卖点，其他花生油都很香。鲁花的成功并非仅仅因为“香”这个卖点，而是因为它首先设定了成为花生油第一品牌的定位目标。

鲁花花生油是花生油的领先品牌。听到鲁花，人们马上会联想到花生油，这是品牌定位的结果——鲁花等于花生油。而5S压榨技术、国家科技进步奖是品牌定位支持点。为什么鲁花是花生油品类老大？除大量的广告宣传外，还因为有科技研发支持。

所以，卖点不是品牌定位。

对品牌定位的理解，大家有很多不同观点。到如今，也有人开始质疑定位理论是否适合中国市场的营销，认为不能再刻板地套用定位方法去策划中国市场的品牌。

客观来说，定位理论要灵活应用，具体问题具体分析，不能一成不变。

杰克·特劳特的定位理论是要把品牌认知深深植入消费者心智，就像一颗钉子一样牢牢钉入木板般植入消费者心智，从而成为消费者心目中的第一。

如何敲钉子？有什么方法？杰克·特劳特在《与众不同》这本书中提出了九大信任状，帮助品牌建立认知优势。

1. 成为第一

成为第一不能在广告中直接出现，因为这涉嫌使用极限词汇。但是，企业的品牌定位目标可以是第一，可以通过暗示在行业中处于领先地位而达到自我激励的目的。

2. 占据特性

这一点就是要挖掘产品特点和消费者需求，找出能满足消费者需求的利益点，快速抢占这个特性，使其成为品牌的专属。

3. 领导地位

消费者选择产品最困难的是不知道哪个是最值得信赖的品牌，行业领导品牌往往能代表品类，成为行业领导品牌也就打消了消费者的顾虑，赢得了消费者的信任。

4. 经典

杰克·特劳特曾经说：“任何能够帮助顾客克服不安全感的战略都是好战略。”经典是结果，而要成为经典，需要通过清晰、直接的品牌信息传递来实现。定位经典是一种让消费者减少了解成本的手段。

5. 市场专长

市场专长指的是特定产品的差异化优势。在产品领域，具备专长可以消除消费者购买时的不安全感。

6. 最受青睐

最受青睐是基于从众心理的一种表现。本质上，这为品牌营造了一种被众多“粉丝”追捧的感觉。

7. 制造方法

制造方法就是指创造可感知的差异化，并强调这种差异化给消费者带来的独特价值。大多数情况下，这是通过开发新工艺实现的，让产品在竞争中更具优势。制造方法是一个最好的支持点。

8. 新一代

面对市场的发展、竞争，需将新一代产品打造为具有战略价值的差异化概念。它成为品牌产品的独特卖点，获取消费者的潜意识认可——人们通常认为新的比旧的好。

9. 热销

热销的产品肯定是口碑好的产品，否则不会热销。这也是暗示品牌是行业翘楚，从而吸引更多人选择热销的产品。

看到这里，我们就大概明白了定位的九种方法。简单归纳为七个关键词，也是常说的七大信任状，即热销、最受青睐、领导者、专家、经典、开创者、制造方法。其中，使用最多的是热销和领导者。

老乡鸡，中国快餐领先品牌，全国拥有超千家直营店。

波司登羽绒服，畅销全球72个国家。

雅迪电动车，中国高端电动车的代表。

良品铺子，中国高端零食品牌。

竹叶青，在中国更多人选择的高端绿茶。

看完以上案例，你会发现规律：每个品牌在行业内都是知名品牌，其定位的词语都非常相似，常用“经典、更多、领导地位、畅销、热销”等。因此，很多人认为这种定位方式过于雷同，容易混淆。

这些品牌采用的是典型的心智定位策略，而非单纯靠产品卖点。通过重复传播品牌的定位语言，让品牌在消费者心目中留下“畅销、领先”的认知，从而实现成功。

例如，竹叶青绿茶喝着很舒服、喝着很香，这只是产品卖点，而非品牌定位。同样，雅迪电动车造型时尚、充电后使用时间长，以及波司登羽绒服穿着暖和、羽绒质量好，这些都只是卖点。

品牌定位可以是企业对品牌的一种期望目标，也可以是消费者对品牌的一种认知，但并非全部来自产品的卖点。这两者具有本质区别。

要成为一个品类中的伟大品牌，必须有“1 个清晰的战略目标”，然后通过“6 个超级元素”塑造品牌形象，再通过“3 个 +”营销推广，最后通过“1 个阶段性总结”复盘前期的工作。

这是我从业多年来提炼出的一套打造品牌的作业工具，简称“1631”品牌打造法则。

1 个清晰的战略目标

在 5 ~ 10 年的时间里，企业需要从战略角度考虑，明确销售目标、人才目标、团队目标和品牌目标等，确定好目标方向才能实现更大的发展。

6 个超级元素

要完成战略目标，必须做好品牌的顶层设计，以满足目标需求。

第 1 个是超级产品，这是核心，聚焦一个战略产品。产品要有特色，具备竞争力，符合未来市场需求。

第 2 个是超级价值，也就是定位，即如何策划出产品的购买价值，以获得消费者的认可。

第 3 个是超级名称，即确定一个符合产品品牌的超级名称，使其易于传播。好名称是成功的一半。

第 4 个是超级颜色，无论是什么产品，都要通过外观和包装体现品牌的颜色统一性，从而形成自己的特色。

第 5 个是超级符号，从产品的造型、品牌标识、包装等方面进行创意设计，塑造品牌的超级符号。

第 6 个是超级口号，可以是广告语，即持续传播的语言。

“3 个 +”营销

第 1 个“+”是推广，包括广告、促销活动和公关活动，主动推广产品和品牌，为终端销售赋能，形成拉动效应。

第 2 个“+”是渠道，没有渠道就没有产品销售的机会，因此，最大化渠道建设是实现产品销售的必经之路。

第 3 个“+”是团队，经过营销推广之后，渠道逐渐增多，需要后续的销售服务团队跟上，否则可能会功亏一篑。

1 个阶段性总结

完成“3 个 +”营销推广之后，要及时总结，复盘产品、销售、广告和服务等环节，总结阶段性成果。

“1631”品牌打造法则是品牌从无到有的创建过程。在此过程中，品牌定位尤为重要，它代表了方向和价值。而后续的营销推广同样重要，否则，即使做好了战略规划，没有战术的执行，最终也不会取得成功。

笔者首创的“1631”品牌制定法则，旨在帮助企业不走弯路，从企业战略发展的角度思考品牌、产品、渠道和营销问题，确保定位一致，聚焦资源，实现企业的持续增长。

2

第二节

品牌定位不是取悦自己，让消费者心动才是关键

我们经常看到这类广告：“×× 品牌，行业创领者；×× 品牌，创领新时代；×× 品牌，×× 行业专家”等，听起来特别高大上，有气势。

冷静思考后便发现很多品牌并不有名，哪里来的领导地位、行业专家？这都是企业自娱自乐罢了，对消费者而言没有任何实际意义。

品牌定位不是自己吹出来的，也不是随意喊出来的，而是靠努力做出来的。

很多行业专家经常拿着研发的新品去说服企业老板，称这个产品是目前市场上没有的，是行业内第一个产品，应该定位为第一。老板看着新品也很高兴，瞬间感觉自己就是第一，大家感觉都挺好，似乎品牌定位就是做第一。

这种“第一”有可能实现吗？

有可能，但具体怎么实现、需要多长时间才能实现？

要从市场的角度考虑问题，从消费者的角度分析产品和定位是否迎合市场需求，是否能够创造商业价值，未来的市场空间有多大，以及最终能否为企业发展起到决定性的作用。

企业对待自己的产品都像看待自己的孩子一样，觉得全是优点，越看越好。而消费者看待产品就像看待瑕疵品一样，容易觉得不完美，不是自己想象中的样子。

品牌定位是建立在科学分析市场的基础上，而不是盲目喊口号。品牌定位是说给消费者听的，只有让消费者心动才是成功的。

竹叶青，高端绿茶不是一天做起来的

中国茶叶有许多品类名称，如祁门红茶、西湖龙井、碧螺春、铁观音、云南普洱、滇红、信阳毛尖、太平猴魁、金骏眉、福鼎白茶、安化黑茶等，但真正具有全国影响力的茶叶大品牌相对较少。

在绿茶领域，太平猴魁、蒙顶甘露、日照绿茶、雨花茶等只是绿茶品类中不同茶叶的品名代表，并没有形成绿茶品类的大品牌。这为竹叶青提供了机会。

竹叶青通过选择围棋大赛、经济论坛、国礼赠送、奢侈品大展等大型活动，塑造了高端的品牌形象。凭借持续积累高端品牌资产，竹叶最终确立其在绿茶品类中的奢侈定位。竹叶青作为中国高端绿茶的代表，全国零售价为 2280 元 / 盒。

竹叶青品牌的高端形象是通过多年的市场推广，在消费者心目中逐步建立起来的。这种高端形象并不是一开始就被消费者认可，而是经过长期的市场培育和品牌建设才形成的。

品牌定位是通过市场营销得到消费者认可的定位，而不是企业单方面宣称的。但企业必须首先明确自身的定位方向，并通过产品推广活动，引导消费者逐步认可和接受，最终成就品牌的定位。

品牌定位的成功是一个循序渐进的过程，不是前端定位宣称自己是什么，后面消费者就一定认为你是什么，中间的营销过程最为重要，只要营销过程做对了，结果自然水到渠成。

理性的品牌定位，数字是最好的答案

乐百氏的广告非常经典，喊出了“27 层净化”的口号。这个数字概念让消费者很容易联想到乐百氏的水是纯净的，因为有 27 层净化作支撑。

波司登专注羽绒服 48 年，畅销全球 72 国。这两组数据证明了波司登羽绒服的专业性。

郑州阿五黄河鲤鱼 15 年来卖出了约 400 万条黄河鲤鱼，成为河南的一张美食名片。这充分说明了郑州阿五黄河鲤鱼的畅销。

长城汽车连续 4 年销量突破百万辆，再次夺得 SUV 和皮卡的销量冠军。这表明长城 SUV 汽车已成为国内销量最好的品牌之一。

消费者对数字具有很强的画面感，用数字定位品牌是产品口碑最直观的表现。因此，利用数字很容易打动消费者。

感性的品牌定位，“走心”是最好的沟通

“男人就要对自己狠一点，柒牌男装。”

“简约不简单，利郎。”

“洗了一辈子头发，你洗过头皮吗？滋源洗头水。”

“不是所有牛奶都叫特仑苏。”

“爱她，就带她去哈根达斯。”

以上都是经典的品牌广告语，它们突出了品牌产品的与众不同。无论是从哪个角度出发，这些广告语的共性是让消费者感受到品牌传播的“走心”。

“走心”可以是感动、震撼、惊讶、冲动、爱慕等情感。这些广告语

通过讲述品牌真相，打动消费者，促使其产生购买欲望。

饮用水市场的竞争非常激烈，农夫山泉定位为“我们不生产水，我们只是大自然的搬运工”，让消费者联想到农夫山泉源于大自然，这是一种理想的表达方式。

百岁山是较早定位为 3 元价格带的矿泉水品牌，它并没有强调自己的水品质如何好，而是定位为“水中贵族”，让消费者联想贵族的生活方式。更重要的是，将品牌比喻为贵族，符合 3 元矿泉水为消费者提供的内心优越感。什么是贵族？百岁山的水为什么是贵族？这种联想激发了消费者的兴趣，让他们蠢蠢欲动，赋予了品牌强大的感染力。

品牌定位要符合市场，抓住人性

无论是理性定位还是感性定位，都必须建立在市场需求之上，只有满足消费者的实际需求，产品才能更好卖，品牌才能更受欢迎。

市场需求是多元化的，企业需要从人群、年龄、性别、城市、学历、收入、工作等不同维度进行定位和思考，找到适合企业产品的方向，从而做正确的事。

消费者是多元化的，品牌定位诉求只有符合人性心理，才能真正打动他们。

洞察人性需求，直击消费者痛点，是品牌定位的思考原点。

切记，品牌定位要落地，要与消费者进行有效沟通。无论是理性定位还是感性定位，只有让消费者心动，才是真正的成功。

3

第三节

差异性品牌定位的十种方式

定位是什么?

关于定位，是否存在标准答案呢?

营销行业内对于定位的争议颇大，有人力挺杰克·特劳特的定位理论，也有人反驳这一理论。

无论如何，定位是方向与方法，先有了方向，然后才能找准方法。如何理解、评价定位并不是最终目的，关键在于能否将其应用于实际。我们最终的评判是以产品销售结果为导向，以品牌影响力为目标。

定位在企业和品牌的不同发展阶段，其理解、运用方式都不一样。因此，企业需要快速地理解定位法则，灵活地应用定位方法，才能实现企业和品牌的良好发展。

企业只有根据自己的需求，采取有差异性的定位，方能取得阶段性胜利，实现稳健发展。

人群定位

无论是品牌传播还是产品定位，都需要研究消费者，根据消费者的不同特点进行策略的制定，展开有针对性的营销推广。

消费者可以按年龄划分。蒙牛未来星、伊利 QQ 星、旺仔牛奶、娃哈哈 AD 钙奶、妙可蓝多奶酪棒、小天才电话手表等都是面向儿童消费者的产品，从产品名称上就可以看出非常符合儿童的调性。

消费者也可以按性别划分。九朵玫瑰、桃花姬、仰妍、虞美人、完美日记等品牌主要面向女性消费者；红牛、Jeep、劲酒、吉列等品牌带有硬汉的风格，更能吸引男性消费者。

除此之外，很多人是产品的购买者，但不是消费者，购买产品的目的是送礼。如果产品定位为送礼，则一方面要体现产品的送礼价值，另一方面要抓住送礼人群的“面子”心理，满足他们的期望，才能成功。

渠道定位

销售渠道是产品走向市场终端的必经之路。渠道不同，面对的人群也不太相同。

如今线上渠道很多，如淘宝、天猫、京东、快手、抖音、拼多多、小象超市等，一些新兴渠道也不断涌现，为企业产品销售提供了便利。

然而，不是任何产品都适合电商。从每年的电商数据可以看出，服装、鞋子、化妆品、小电子产品、地方特产、工艺品、休闲食品等的线上销售相对集中；而大型家电、家具、建材等的线上销售相对较少，这类产品存在运输不便利的情况，消费者也存在担忧心理。与几十元、几百元的服装不同，这些产品在线上销售会受到一定的限制。

东鹏特饮避开红牛的一、二线市场，主推塑料瓶包装，主做三线市场，取得了成功；喜力啤酒推出夜场专供啤酒，受到年轻人的喜爱；三只松鼠主做线上渠道，成为线上坚果品类头部品牌。

将大捆塑包的矿泉水放在加油站销售，成为各饮用水品牌争夺的热门渠道。

渠道定位是企业战略发展的一个重要方向，做好渠道定位能推动企业持续发展。有时，改变渠道甚至能扭转局面。

包装定位

很多时候，企业通过包装的改造能够反败为胜，甚至实现持续增长，成为行业领导品牌。包装定位的差异性体现在包装形式的不同。在同类产品中，采取与众不同的包装形式，能够占据市场优势，引导消费者的购买决策。

统一阿萨姆瓶装奶茶引领了瓶装奶茶的消费趋势，并成为瓶装奶茶领域的领先品牌。小包装食用油开创了新品类，创造了巨大的市场，助力金龙鱼、胡姬花、鲁花、福临门等品牌崛起。

蒙牛特仑苏开发了“250ml × 12 盒”礼品箱包装，小罐茶开发了充氮气小铝罐包装，洋河蓝色经典开发了蓝色玻璃瓶包装，泰山 7 天原浆啤酒使用大棕色玻璃瓶包装。这些品牌通过包装形式的创新，塑造了差异性，实现了产品差异化。

广告定位

广告的调性和风格决定了企业的做事风格，塑造了品牌的性格，也影响了营销的风格。

对广告定位的理解是，产品通过什么样的广告形式与消费者沟通，让消费者形成对品牌的信赖和认可。这种信赖和认可是长期占领消费者心智且与众不同的。

雪花啤酒通过宣传“勇闯天涯”，赋予了其“年轻不畏惧”的调性。青岛啤酒，源于时尚之都、海滨城市青岛，广告宣传走国际化时尚路线，充满时尚魅力。力士的广告一直以“高端大气”为主，让力士成为“美”的符号，超越了产品功能属性。舒肤佳则以母亲、研发人员为广告人物，塑造了“健康大使”的形象，关心孩子、关心家庭，走亲民路线。

以上品牌广告都始终坚持一种风格，通过不断重复，形成自己的广告定位。如果频繁更改广告风格，会让消费者感觉不适应，进而影响产品销售。

广告定位的差异性还可以从投放的角度来思考，对营销有重要作用。随着互联网的发展和智能手机的普及，广告的投放形式更加多元化。制定多样化的广告投放策略，走出差异化宣传路线，也能实现最终的销售。

恒源祥曾经在央视除夕之夜投放了“恒源祥，鼠鼠鼠；恒源祥，牛牛牛……”的广告，引发了消费者“吐槽”。可是，这种广告对于恒源祥品牌而言，却起到了强调其是中国羊毛衫著名品牌的作用。

布局写字楼电梯间的分众传媒，能让上班族第一时间接触到品牌广告，如今成为众多品牌选择的广告投放形式。

功能定位

产品的卖点是什么？我为什么买你的产品？你的产品如何才能打动我？

这是营销人员、消费者、企业家经常反问和反思的问题，也就是产品的购买理由和功效，需要有客观依据。这就是常用的功能定位，也是最直接、最有效、最困难的定位方式。

笔者提出“状态营销”的观点，认为“状态”就是需求切入点。产品功能一定要找准“状态需求”，挖掘出消费者内心的需求状态，然后明确产品的功能卖点。

川菜的崛起是因为很多人现在都爱吃辣。虽然辣椒吃起来过瘾，但是身体却容易感到不适，吃完后容易“上火”，出现起泡、口腔溃疡、嗓子疼等症状。这种“上火”状态就是一种消费需求，需要有产品来“灭火”，让消费者感觉到“久旱逢甘霖”般的舒缓效果。“怕上火，喝王老吉”的广告语应运而出，成功使该产品成为大众爱喝的饮料。

电解质水属于补充人体能量的功能性饮品。猩猩暴走低钠电解质水的产品名称具有场景化特征，人在暴走时会流汗，而该产品解决了流汗会导致的流失电解质问题。

如今的消费者都在为生活奔波，过着“快餐式”生活，因此，产品的功能定位要像百米冲刺一样直接，而不是马拉松式的解说。

名称定位

好名称是成功的一半，这句话虽然有些夸张，但是绝对有道理。

产品名称往往能够体现产品的定位，针对不同的市场和消费者，合适的名称可以拉近产品与目标人群的距离，产生瞬间的心理沟通，起到广告传播的作用。

因此，名称定位关乎企业的未来，决定了市场的空间。

差异性的名称会让企业节省大量传播费用，起到四两拨千斤的作用，反之则事倍功半。

娃哈哈营养快线的名字起得非常好，也促使营养快线成为娃哈哈的战略单品，其最高年销售额曾突破250亿元。在此之前，小洋人的妙恋早已上市，由于名称没有表达出产品的卖点，导致消费者认知度不高。但是营养快线不同，突出了“营养”二字，让消费者看一眼就明白。

因此，同类产品要想突围，应从差异性的名称开始，让名称传递信息，吸引消费者，增强传播效果。

笔者曾经策划过植益乳酸菌（植物发酵的益生菌）、畅跑益生菌（让肠道通畅跑动起来的益生菌）、体可椰子水（满足身体的解渴需求）。这些产品名称直接定位产品功效诉求。

符号定位

一提到符号，很多人首先联想到图形，认为符号就是图形，是最直观的认识。

其实符号不仅是图形，在营销和品牌的世界里，符号也可以是一句话、一个声音、一个形状、一个包装、一个活动、一个空间等。符号是产品和品牌的代言人，能够提升产品价值，促进销售。

既然是做营销、做品牌，采用的符号要与众不同，打造品牌自己的特色符号。利用积累的符号力量去传播品牌，为品牌注入生命力。

看到肯德基的老爷爷、麦当劳叔叔、真功夫的李小龙，我们就知道其品牌及产品，这是品牌的图形符号。通过图形符号的创新设计，可以做到形象的差异化，建立独特的视觉符号。

色彩定位

要想让颜色成为产品和品牌的代言，关键是研究消费者心理，从不同的颜色认知中寻找机会，洞察产品和消费者之间的内在联系。

光明畅优酸奶的功能是调理肠道、助消化，让消费者感受到从内到外的轻松美丽。我们通过分析部分消费者爱美、爱旅游等特点，选择绿色作为品牌符号。绿色代表着希望、生命力、春天、清新、自然和青春，这不仅符合消费者对健康的追求，也契合他们内心对轻松生活和青春活力的向往。

洋河蓝色经典的瓶体是蓝色的，开创了中国白酒包装色彩先河。通过蓝色定位产品和品牌，体现了“精英文化”，如此一来，消费者对蓝色便会逐渐产生认可和联想。这是在分析中国白酒的包装色彩共性后，差异性地塑造了“蓝色榜样”，使洋河蓝色经典成为白酒行业的“另类”，很快取得了市场的成功。

我们可以看到可口可乐是红色的，百事可乐是蓝色的，红牛是金黄色的，脉动是蓝色的，王老吉是红色的等。不同的色彩，做到了色彩符号的差异性。

价值定位

新品牌进入市场时，如果采用高价值的定位方式，很容易获得社会关注，并在行业中脱颖而出。产品价格高在一定程度上意味着产品价值高，会吸引高端消费人群尝试。

在特仑苏上市之前，没有一款牛奶卖到 5 元 / 盒；在依云进入中国市场之前，没有矿泉水卖到 10 元以上。

此外，特斯拉的电动汽车、茅台酒、哈根达斯冰激凌等，都通过体现产品的高价值来塑造高端品牌形象，其价值感超越了产品本身。

王品台塑牛排开设餐饮店时，定位为高价值的牛排，以“一头牛仅供 6 客”的台塑牛排为招牌菜，一举成为知名餐饮品牌。

这种高端价值的定位不是凭空想象，而是需要建立在坚实的产品基础上，产品品质必须过硬，同时结合市场定位的方向，遵循 4P 营销理论。

价值营销不是汽车、电子、香水等行业的专利，它适用于任何行业。只要品牌能够定位为行业中的高端，就具有一定的市场空间。

实现高端价值定位需要系统评估三个核心维度。

一是行业发展状况。

如果行业处于发展的初始阶段，尚未成熟，高端价值定位则需要长期培养，坚持做行业开创者，引导消费。如果行业处于竞争激烈且发展接近成熟阶段，高端价值定位更容易脱颖而出，为有高需求的消费者提供新选择，从而吸引他们成为品牌的追随者。

二是企业实力状况。

作为高价值品牌，企业必须有充足的资金来塑造品牌。这是一个长期的品牌建设工程，不能仅靠空喊。我们身边的高价值品牌大多是历经十年、几十年甚至上百年的精心打造才成功的，不可能一蹴而就。

三是产品价值状况。

产品是品牌的基础，没有高价值的产品，就不可能成就高价值的品牌。创新设计是体现产品价值的关键，企业必须根据高端的定位去设计产品，赋予产品更多的附加值，使其与众不同，成为行业第一或唯一。

消费方式定位

消费方式定位创新有两种路径。一种是产品的大类没有改变，但是通过改变产品的消费方式和消费场景，改变市场定位，从而赢得市场的青睐。另一种是先改变产品属性，接着以消费方式的改变为诉求点，提出新的消费卖点，引导消费者尝试。

当前，国家倡导品牌农业发展，推动中国传统农业产品走品牌化路线。其中一种方法就是改变产品的消费方式，让原始粗放的消费模式更加精细化和便利化。

农产品可以通过改变包装形式、进行二次深加工等来提高产品的附加值，让农产品变得更易销售，更有价值。

消费方式的创新是多方面的，不应局限于单一的方法，还可以拓展更多使用场景。总体目标是让产品消费变得更加便利、有趣。

综上所述，定位方法不仅限于特劳特的九种信任状。企业发展是一个长期过程，企业可以参考上述差异化定位方式，选择适合自身的方法突破市场，但最终，卖货才是根本。

4

第四节

未来好产品的三种定位方向

做正确的事比正确地做事更重要，选择大于努力。

这句话是经商的真谛。一旦企业选择的产品出现了方向性错误，无论再怎么努力，最终都难以取得成功。

战略定位决定企业命运。战略对了，企业才能在长远发展中事半功倍。

阿里巴巴、腾讯、小米等企业为什么发展得很好，市值很高？因为它们是时代的弄潮儿，抓住了互联网时代的红利，塑造了强大的品牌。

喜茶、蜜雪冰城、元气森林、瑞幸咖啡等品牌针对年轻群体开发差异化产品，在各自的品类领域都获得了成功。它们通过创新产品和改变消费模式，最终成就了品牌。

面对未来经济发展，哪些产业方向相对容易成功？笔者认为有三种定位方向。

1. 健康方向

健康是一个老生常谈的话题，如今许多食品饮料都在强调营养、健康。然而，过去所谓的健康食品大多是一些保健类的产品，常采取一些非常规销售手段，如会议销售，甚至存在忽悠中老年人的情况。国家也多次打击这些行为，重点整治非法集资、夸大产品功效的机构。

未来，健康将成为每个人的核心追求，没有健康，就没有一切。

健康产品强调功能性，既可以是补充维生素、钙、蛋白质等产品，也可以是助消化、助眠等产品。总之，产品的功能性越强，其市场机会就越大。

2020年暴发的新冠疫情，让我们每个人对健康的重视程度大大提高，对食品饮料的健康要求也更高了，这为健康产品指明了发展方向。

健康产业涵盖众多领域，笔者建议主要从三个方面发力。

第一，基础生活必需品领域，包括粮油、调味品、饮品、食品等。消费者对这些领域的产品愿意投入更多资金，注重产品溯源，并要求尽可能做到健康、无害。

第二，体育锻炼相关领域。消费者对健身器材、减脂食物等的需求持续增长。过去人们对此重视不足，但新冠疫情让人们认识到身体免疫力强才是硬道理，拥有健康体魄的重要性深入人心。因此，健身房、健身器材、运动服装、运动饮料等产品将会得到更多人的青睐。

第三，心理咨询领域。目前很多人存在心理亚健康问题。未来，心理行业会迎来爆发式增长，特别是一对一的私人心理顾问有望成为热门职业。

2. 娱乐方向

娱乐是每个人内心的快乐追求，它使人开心，因此娱乐产品也将迎来更大的发展空间。

游乐场、电影院、KTV等娱乐产业规模将会继续扩大。一旦人的娱乐心态得以充分释放，这些产业将会迎来爆发式的增长。

为什么日本迪士尼乐园是世界上所有迪士尼乐园中最赚钱、人气最火爆的呢？这主要是因为日本人光顾的频次最多。在日本，工作压力较大，人们需要寻找释放的方式。很多成年人都喜欢去迪士尼乐园游玩。

未来我国也会是这样。游乐场会越来越多，新型娱乐方式也会不断涌现。除此之外，食品饮料行业也需要融入娱乐精神，才能更好地赢得消费者的喜爱。

市场上已经出现了解压零食、情绪小酒等产品，它们的共同特点是除了具备基础功能，还提供一种娱乐精神。

因此，休闲食品和饮料需定位娱乐方向。产品不仅要好吃，更要好玩，与消费者进行互动，才能更好地塑造品牌力。

如今，快手、抖音等短视频平台让人们享受娱乐生活更加便利。很多产品具有娱乐基因，在短视频平台上很容易与消费者互动，从而实现销量暴增。

很多餐饮店因此成为“网红”地标，吸引很多年轻人“打卡”。例如，西安景区的一家酒馆举办的“喝完酒摔碗”活动，在抖音发布后迅速走红，吸引了许多人排队去体验摔碗。

未来的产品设计要融入娱乐精神，产品有了娱乐基因，其销量更容易实现爆发性增长。

3. 文化方向

随着我国经济地位和政治地位在世界舞台上的提升，国人的文化自信逐渐增强，特别是“90 后”“00 后”。

“90 后”“00 后”自出生起就见证了国家蓬勃发展，享受着便利的交通、富足的生活和愉悦的成长环境。他们从小学习和认可中华文化。

近年来，我国博物馆文创市场增长迅猛，这主要得益于政策引领、文化自信、消费升级和博物馆自我转型。故宫博物院的文化衍生品曾实现年销售额超 10 亿元，此外，更多跨界合作的故宫文创产品也备受关注，许多故宫限量版产品一经发售便被抢购一空。

与日本、韩国相比，我国虽然历史文化底蕴深厚，但是在文化产品的价值创造上还存在差距。无论在国内还是国外，我国的文化产品都需要大力推广。

近几年，国潮风席卷而来，汽车、服装、化妆品、酒水、食品等领域纷纷将中国元素融入产品和品牌，并且在市场中获得了消费者的一致好评。

这正是中华文化崛起的体现。越来越多的年轻人不再迷恋国外品牌，转而选择国货，传递出中华文化正在发扬光大的信号。因此，产品方向要顺应我国文化复兴潮流，契合中国梦，让文化内涵融入产品。

未来，企业在开发产品时，应把握健康、娱乐、文化三大方向，定位“90后”“00后”等年轻群体，让老品牌焕发活力，塑造新品牌基因，从而避免走弯路。

4

CHAPTER 4

第四章 认知品牌命名

好的品牌名称是品牌的传播基础。

品牌名称好不好，一个基本的判断标准是是否好听、好记、好传播。

凡是成功品牌，其名称都是既符合行业属性，也符合消费者认知习惯的。例如，飘柔让我们感受到头发的飘逸柔顺；五粮液让我们联想到萃取五种粮食的琼浆玉液；红牛让我们感知到牛的力量；脉动让我们的脉搏跳动起来；六个核桃让我们相信产品里面有六个核桃；畅优让我们感觉到肠道通畅；蒙牛让我们联想到来自内蒙古的奶牛；宝马则象征着快速奔跑的骏马。这些品牌名称都有依据，也符合消费者内心的正面联想，对品牌建设和产品销售起到了重要的推动作用。

然而，在现实中，很多企业家不重视品牌名称的策划，甚至剑走偏锋，最终可能导致失败。曾经有一款饮品叫“扯淡”，笔者看到后的第一想法是这个产品肯定做不好，因为产品名称有问题。果不其然，该产品已退出市场。

由此可见，产品及品牌命名有时直接关乎企业的生死。

1

第一节

什么才是好的品牌名称

营销大师阿尔·里斯认为："从长远观点来看，对于一个品牌来说最重要的就是名字。"

品牌名称的重要性不言而喻。做实体企业的人都知道，好名称值多少钱。一个普通注册商标能卖几千元、几万元，多的时候甚至达几十万元到上百万元。由此可见，一个好的名称是多么重要，价格就是价值的体现。

什么才是好的品牌名称？

简单来说就是好听、好记、好读。

第一，好听，即意义好。

日常生活中，当我们听到或者看到某个人的名字，经常会说："你的名字真好。"好名字的标准就是意义好，让看到的人或听到的人产生美好的联想。例如，亚伯拉罕·林肯的名字亚伯拉罕（Abraham）来自希伯来语，其意思是"众人的父亲"。

著名乳品品牌蒙牛，"蒙"代表内蒙古，让人联想到"天苍苍，野茫茫，风吹草低见牛羊"的美好景象；"牛"即牛奶，处于乳品行业。蒙牛是一个典型的优秀品牌名称，既有产品属性，又有品牌个性。

联想这个名字很有意思，它寓意联想推动人类不断进步，是人们的必备工具。

拥有宝马汽车是很多人追求的目标，不仅是因为其性能出色，更是因为宝马品牌带给他们心理上的满足感。马代表着速度与奔放不羁，宝马更是珍贵。用“宝马”命名汽车，既体现了产品的高性能，又能引发消费者的联想。

曾经有个瓜子品牌叫“傻子瓜子”，一度很有名，但其品牌名称本身存在问题。当时，人们觉得这个名称挺好，傻子瓜子不傻，意思是让利消费者。作为我国改革开放初期发展起来的品牌，傻子瓜子带有明显的时代印记，也因此获得了一定的影响力。但从市场的角度来看，“傻子”并不是一个好名字。大家都不愿意成为傻子。因此，这个品牌名称难以长久承载品牌价值。

第二，好记，即名字要简单。

品牌名称并没有固定字数，根据企业的需要，可以是两个字、三个字、四个字，甚至五个字等。其最基本的要求是满足注册条件。

好的品牌名称不仅要意义好，还要容易记忆，简单直接，让人看到后过目不忘。

例如，苹果、小米、海尔、中华、大众、红牛、熊猫、泰山、统一、娃哈哈、好孩子、好记星、小茗同学、盼盼、好吃点等，这些名称就非常简单，听起来有画面感和形象感，容易理解，有记忆点，能快速引发消费者的直观联想。

简单的名称并不意味着没有内涵。品牌的内涵是后天塑造的，品牌价值不是单纯凭名称而定。因此，不要排斥简单的品牌名称。

第三，好读，即好传播。

汉字声调分为四类，一声平、二声扬、三声拐弯、四声降。品牌名称也由多个字组成，组合在一起后，就要讲究阅读的顺畅性。

一般品牌名称的最后一个字最好用一声、二声或四声声调。

例如，统一、中粮、华润、华为、伊利、蒙牛、光明、三元、康师傅、今麦郎、吉利、长城、奔驰、宝骏、格力、海信、苏宁、恒大、绿地、绿城、中华、飘柔、高露洁、修正、哈药、同仁堂、宏济堂、养生堂、农夫山泉、江小白、卡士、金龙鱼、亨氏、光大、北极熊等品牌，读起来都是带有节奏感的，要么是上扬的声调，要么是下沉的声调，整体朗朗上口。

曾经有个意大利乳品品牌帕拉玛特，在中国市场经营失败。其名称晦涩难懂，不符合中文的发言习惯，更谈不上好记。所以，从品牌名称上来说，这已经是一个失败的开端。

笔者曾经接触过一位美籍华人，他在中国投资了一家饮料厂生产石榴汁，品牌名叫珀默珀尼卡。这个名称读起来特别别扭，消费者很难联想到这是一款石榴汁。这个老板发现了问题，然后在全国范围内征集新的品牌名称，确定为“美果来”。新名称比原来的顺口、简洁，便于记忆，而且“果”字直接告知消费者这是做果汁的品牌。另外，这个老板采用这个名称还有一层考虑：他是从美国来的，这家企业是经国家工商部门批准成立的美国独资企业。

晟乐多是笔者曾经服务过的品牌。笔者的第一个建议就是改名，因为很多人不认识“晟”字，不利于传播。客户最终将名称改为“植益”，寓意植物益生菌饮品。

山西隰县有一家做农产品的企业“隰州”。客户对这个名称很满意，但笔者建议，如果品牌想走得更远，最好更名。因为“隰”字是生僻字，许多人都不认识，何来传播？

初元、好 +1、营养卫士、大启、植白说、盐典、东方汉露、圣麻、顺有、悠小君、猩猩暴走、一筐果子等品牌，都是笔者曾经服务的客户。这些品牌名称不仅寓意丰富，还具备良好的传播性。

好听、好记、好读是品牌命名的三个重要标准。虽然不是所有品牌都能完全做到，但至少应避免品牌名称不好听、不好记、不好读。

2 第二节 好名称是成功的一半

笔者曾在网络上看到一个段子：在美国，有本名为 *How to Change Your Wife in 30 Days* 的书，这本书一星期之内售出 200 万册。直到有一天作者发现书名写错了，将书名改为 *How to Change Your Life in 30 Days*。书名改好后，一个星期之内只卖出 3 册。

这是什么差距？仅仅因为一个单词 wife（妻子）和 life（生活）的区别，销量却有天壤之别。

这就是名字的力量，如此看来，好名字是成功的一半，不为过。

真功夫快餐最早不叫真功夫，而是叫双种子。看到这个名字，是不是感觉像是卖农作物种子的企业和品牌？正是因为成功改名，真功夫才有了今天的成就：在全国拥有数家门店，现已成为中式快餐的领先品牌之一。

以下是品牌命名的八大原则。

原则一：直接并形象地反映品牌定位

品牌名称即品牌形象定位，此类品牌名称的优点是直接反映出产品的品类属性和特点。

例如，农夫山泉做天然水，“农夫”和“山泉”体现了其天然水源的特点；飘柔传递了洗头后头发飘逸柔顺的感觉，名字即卖点；康师傅让人联想到邻居家做饭的大师傅，“康”字也传递了健康的产品理念。

原则二：通俗并富有特色，易于被消费者接受

例如，“体可椰子水”是一个饮品名称，其广告语是“身体渴，喝体可。”

“体可”谐音“体渴”，既符合场景需求，又暗含了产品功效，通俗易懂，便于记忆，突出了产品特色。

原则三：品牌名称应该具有一定的联想性

品牌名称的联想不一定与产品直接相关，但富有想象力的名称能激发消费者的好奇心，有利于传播。

例如，力士会让人联想到大力士，但是该品牌主打温柔；大宝、小护士属于同一类，听到名字就让人立刻联想到宝宝和护士的形象，分别传递了产品对肌肤的呵护和温柔体贴的特性。蓝月亮则通过名称激发消费者的想象力，营造梦幻般的品牌形象。

原则四：要直接反映行业属性和特色

好名称应让人一眼就知道品牌所属的行业，不需要过多解释。

例如，“女人缘”从名字上看显然与女性相关，可能是化妆品、保健品、服装或私密护理品牌。但其虽然有女性产品的属性，名称却缺乏独特

性，不够直接。

原则五：要使用和目标消费者相同的“语言”

品牌名称与目标消费者在同一频道上，最容易实现沟通和传播，产品定位是什么，名字就应表达什么。

例如，日化行业的洗衣粉、洗衣液主要面向大众消费者，名称不需要追求高大上。例如，“碧浪”和“汰渍”，前者寓意碧绿的波浪，后者表示淘汰污渍，名称简洁易懂，符合产品功能。

原则六：品牌名称不能有歧义

汉字有多音字和多义字，品牌名称最忌讳的是有负面联想的歧义，这会影响消费者的购买意愿。

例如，“傻子”“酒鬼”“胖子”“老子”等名字，虽然读起来上口，但是负面含义较多，难以支撑品牌的发展。

相反，“好孩子”“好记星”“步步高”“未来星”等名字都传递了积极向上的寓意。如果教育机构起一个“笨笨狗”的名字，消费者可能会对机构的专业性产生怀疑。

原则七：覆盖品牌远景，避免陷入区域性品牌的局限

很多品牌名称本身就带有地域特征，如珠江啤酒、烟台啤酒、蒙古王等，这些名称虽然具有显著的区域特色，但难以与区域外的消费者建立共鸣。

例如，内蒙古人看到蒙古王酒后会有较强的认同感，毕竟这是来自家

乡的产品；而广东人看到后，可能会觉得内蒙古离他们太遥远，和自己没有什么关系。

有人可能会问，青岛啤酒为何能成为全国乃至全球知名品牌？因为青岛作为一座具有特殊历史背景的城市，本身就具有较高的国际知名度。

许多品牌之所以做不大，正是因为其品牌名称的区域性特色过于明显，导致其在区域外的认知度受限。

原则八：与时俱进，反映时代特色

美特斯邦威、菜鸟驿站、唯品会、茶 π、大娘水饺、零食很忙、爱零食等，看到名字就很容易想到它们属于哪个年代。正如人名反映了出生的年代一样，品牌名也应体现时代特色。

品牌命名需要与时俱进，符合时代的潮流，这样才能与不同时代的消费者建立有效沟通，进而实现口碑传播。

3

第三节

品牌命名的五大原则

品牌命名是一项至关重要的工作，是一项长期的品牌战略工程，企业往往需要在品牌命名上投入大量的时间和金钱。

好的品牌名需要以科学认知为基础，通过细致洞察与一线调研，结合记忆度、传播性等特性严谨论证后，才能最终确定是否采用。以下是品牌命名的五大原则。

必须建立在远见之上

洋河集团如今已经迈入中国酒业第一梯队，这主要得益于其蓝色经典系列产品的成功。蓝色经典系列的海之蓝、天之蓝、梦之蓝分别切入不同价位的市场，刮起了“蓝色旋风”。

回顾洋河集团的发展历史，蓝色经典系列无疑是其崛起的里程碑，奠定了洋河集团发展的根基。蓝色经典这一品牌命名极具战略性，不仅凸显了以蓝色包装为特色的产品战略，又以海之蓝、天之蓝、梦之蓝构建层级化子品牌体系，助力企业实现长期稳健发展与不断升级。

由此可见，一个富有远见的命名，往往能体现企业的战略眼光和未来布局。

好名称是企业长期成功的关键保障，它应体现企业战略层面的发展，超越对手，彰显一定的高度与眼光。

有的品牌和产品名称局限性较大，在企业发展初期或许尚可使用，但难以承载企业未来的战略发展需求。

必须以实现企业战略为目标

品牌命名的过程就是将市场、定位、形象、情感、价值等转化为差异化竞争力，并借此整合资源，从而占据优势的过程。

2013 年，卡夫中国更名为“亿滋”，寓意为消费者带来亿万好滋味。据卡夫官方宣称，公司已完成对全球业务的分拆，将原来的公司拆分为北美杂货业务和全球零食业务两块，并作为两家独立的上市公司运营。分拆之后，北美杂货业务将继续使用“卡夫”这个名称，而全球零食业务将成立一家新的公司，新公司的名称是“亿滋国际”。卡夫将其在中国的品牌名称改为“亿滋”。这一更名出于战略需要，旨在推动公司战略的实现。

福建万辰生物科技集团股份有限公司（以下简称万辰）是量贩零食行业的一家 A 股上市公司。万辰实控人王泽宁郑重宣布，将万辰旗下四大品牌（好想来、来优品、吖嘀吖嘀、陆小馋）合并为“好想来”。这一举措是万辰集团的重要战略定位，旨在聚焦单一品牌，整合资源传播“好想来”，塑造其整体品牌价值。

必须从经济学角度出发

好的品牌名称应营造认知熟悉感，让人仿佛早已耳闻，这样可以减少传播的费用，以最少的资源获取最大的价值。

如今，世界著名的品牌大多经历了几十年甚至上百年的品牌积累，大量资金不断投入品牌建设中，这些品牌名本身已经具有无法替代的价值。反观国内，在相对短暂的十几年、几十年的发展历程中，如何以最小的经济成本实现品牌价值最大化，是个值得思考的问题。

品牌名称本身就承载了一定的资源，但这些资源的大小和潜力都取决于名称所赋予的价值。

例如，福临门寓意把福气带回家，精准契合消费者对家的美好期许；可口可乐传达出饮料口感可口，满足了消费者对饮料的需求，自然容易赢得市场。

阿里巴巴是由马云创立的公司，后来孵化出淘宝、天猫等知名品牌。阿里巴巴很容易被记忆，也与著名的《阿里巴巴与四十大盗》故事密切相关。这种熟悉感和亲和力使这个名字很容易被记忆、传播，节省了大量的广告费用。可以说，阿里巴巴的名字本身就是集团传播的重要资产。

盒马鲜生、滴滴出行、饭扫光等品牌，其命名与产品属性紧密相关，能让消费者看到后快速联想到产品品类，借势有效节省传播费用，降低市场教育成本。

必须嫁接消费者的认知资源库

每个人每天接收的信息非常多，所以消费者会倾向选择记住他感兴趣的信息，摒弃不需要的内容。因此，我们必须从消费者已有的认知资源中挖掘出能有效传达品牌价值的元素。

如今，我们对著名品牌的认识，源于品牌方长期投入大量的资金进行品牌建设。

如果在品牌初期找准与消费者认知的对接点，便容易在短期内获得消费者的认可，极大地节省传播成本。

消费者的认知库存是品牌价值的重要来源，我们应深入挖掘消费者认知中的偏好、习惯，并从中寻找对接点，实现品牌价值的有效传播。

必须传承已经沉淀的价值

优秀的品牌名称可以关联历史、传奇、人物或事件，为品牌赋予丰富的内涵与广阔的发展空间，让人联想到品牌背后蕴含的故事，这是构建品牌长期运营体系的重要基础。

例如，部分品牌名称原于人物或事件，成为其象征。

“皮尔卡丹”，以创始人皮尔卡丹的名字命名，彰显品牌独特性；“杏花村”，源于传奇故事，为品牌增添文化韵味；“德州扒鸡”，借助德州地名，强化品牌的地域认知；“巧妈妈果冻”，源自儿时对母亲的亲切称呼，唤起消费者的情感共鸣；“李宁”，以体操王子李宁命名，打造体育用品品牌；“汉口二厂”，承载着武汉老汽水的历史记忆，成为地域特色饮品的代表。

挖掘历史沉淀中的价值元素用于品牌命名，最大的优势在于可以快速唤醒消费者的情怀，引发情感共鸣，迅速拉近品牌与消费者的心理距离。

总之，简单就是力量。

新品牌与新产品应注重命名策略，从产品的行业属性与特点出发，使品牌名称能够直观传达产品信息，引发消费者对产品的第一联想，实现“让名字会说话”。

一个优秀的品牌名称是品牌被消费者所知获得消费者认可的前提，在很大程度上直接影响产品销售。品牌名称作为品牌核心要素，甚至决定着品牌的兴衰成败。

新品牌命名需要满足以下要求。

（1）契合行业属性：清晰传达所属行业，准确体现产品特性 。

（2）匹配战略发展：服务品牌长期战略，富有品牌内涵。

（3）顺应认知习惯：通俗易懂，便于记忆与传播。

（4）融合中国文化：具有正面意义，能引发美好联想。

（5）符合知识产权规范：能够成功注册，确保品牌独占性。

总之，企业必须夯实品牌命名这一基础，后续的产品开发、包装设计、营销推广等工作才能顺利推进。

4

第四节

品牌命名，基因很重要

基因在很大程度上决定了个体的天赋，进而影响着个体发展的各个层面。从科学角度来看，人与人之间存在差距，基因是其中的主要影响因素之一。

品牌也有自己的基因。品牌基因是企业长期精心打造的结果，它塑造了品牌的个性，成就了品牌的文化。

酒鬼酒，终生成不了招待外宾酒

酒鬼酒自塑化剂事件发生后，销量持续下滑，至今仍未恢复。酒鬼酒的品牌地位也因此一落千丈。即便未曾发生塑化剂事件，以其品牌名所传达的内涵来看，酒鬼酒也很难跻身中国酒类第一梯队，更难以成为招待外宾用酒。

究其原因是其品牌名称负面含义，比如说喝酒喝多的人像一个“酒鬼”。

不妨假设一下，倘若领导人向外宾介绍酒鬼酒，该如何准确翻译“酒鬼”的含义呢？直接翻译成“drunk like a drunkard”显然不妥，但除此之外，也很难找到更合适的解释方式。

送酒鬼酒给领导，容易让人觉得不吉利。所以，酒鬼酒即使大量投入广告宣传，也很难达到茅台、五粮液的品牌地位。

宝马如果叫巴依尔，你还买吗？

名不正则言不顺，言不顺则事不成。

宝马最初起源于航空业，其前身是巴伐利亚飞机制造厂，后来更名为巴伐利亚发动机制造厂股份有限公司。

在 1992 年以前，中国市场上的宝马被音译为“巴依尔”。听到“巴依尔”这个名字，可能会让人一头雾水。中国消费者在情感上更倾向于接受一个更具感染力和辨识度的品牌名称。而“宝马”这个名字恰好能激发他们对豪华汽车品牌的文化和情感认同。

巴依尔在市场销售中表现不佳，随后更名为“宝马”。“宝马”这一品牌名蕴含着极佳的品牌内涵，“马”象征着速度与激情，容易让人联想到风驰电掣的画面。在古代，宝马是身份与地位的象征，骑宝马者多是有身份背景之人。这种文化内涵与消费者对高端、个性的追求相契合。

从巴依尔到宝马，同样的车实现了不同的命运，这就是名字重要性的体现。

汉字内涵丰富，一个蕴含积极文化内涵和美好寓意的品牌名，更符合国人的审美与价值取向，因此更易获得市场认可，实现长久发展。反之，若品牌名与大众认知和文化传统相悖，便难以在市场中立足。

阿里旅行改名飞猪，一次有争议的改名

2016 年 10 月，“阿里旅行”升级为“飞猪”，英文名为“Fliggy”。其

改名的主要原因是为了与“去哪儿网”进行区分。

“飞猪”这一品牌名的市场接受度，需从不同角度综合评估。对于老客户而言，从“阿里旅行”到“飞猪”的转变，他们在认知上存在较大的不适应，这就使企业后续需要开展一系列传播活动，提升新品牌名的曝光度，以维系用户群体。否则，在用户心中，飞猪就如同一个全新品牌。

“飞猪”这一品牌名，其优势在于能让人联想到“风口来了，猪也能飞起来”，富有娱乐精神，契合年轻人追求新奇、有趣的消费心理。然而，其劣势也较为明显，“猪”的一些负面文化内涵容易引发消费者不悦。

香格里拉改变了一座城的命运

在中国，改名非常成功的不是省，不是市，而是一座县城。中甸县在改名前贫穷偏僻，改名后成为旅游胜地，享誉世界。这个地方就是众所周知的云南香格里拉。

中甸县，藏语称“建塘”“甸”。“香格里拉”源自迪庆藏语，意为“心中的日月”。中甸县这片土地与“香格里拉”这一充满梦幻色彩的名字，其实有着一段不解的情缘。

香格里拉最初出现在20世纪30年代英国作家詹姆斯·希尔顿的著名小说《消失的地平线》中，书中描绘的世外桃源令人向往。该小说不久便被改编成同名电影，并荣获多项奥斯卡奖，自此“香格里拉”为世人熟知。很巧的是，中甸县的人文地貌、自然风光与《消失的地平线》中的描绘较为相似。

中甸县作为一块山区腹地，过去人迹罕至，是一个名副其实的偏远山区。但在改名之后，经过针对性的宣传，香格里拉“心灵净土”的形象展现在世人面前，被誉为“最接近天堂的地方”，这唯美的意境每年都吸引着世界各地的游客前来一睹风采。

2001 年中甸更名香格里拉后，旅游接待人次从原来每年仅数千人次，到 2016 年飙升至超过 1500 万人次，仅旅游门票收入就高达 15 亿元。

名字带有产品属性基因更容易成功

带有产品属性的名字更容易推广，能让消费者第一时间了解产品，并在消费者选择产品时占据优势。

例如，梅见果酒带有“梅”；鱼酷烤鱼带有“鱼”；顾家家居带有“家”；认养一头牛带有“认养牛”，突出了产品的核心卖点；泰山酒业让人联想到稳如泰山；拼多多寓意拼团购买，优惠多多。

因此，带有产品属性的名字能够快速帮助消费者做出品类选择，避免绕弯子，减少沟通成本，更容易成功。

5

CHAPTER 5

第五章 辨别包装设计

如何判断包装设计的好坏?

对于设计师来说，包装设计必须体现产品价值，符合市场需求，而不是成为脱离市场的个人艺术品。对于企业来说，包装设计的成功有时会改变企业的命运，因此不能忽略包装的作用，它有时能起到事半功倍的效果。

成功的包装需要从颜色设计、材质选择等方面入手，要符合消费者的消费习惯，千万不能与消费者为敌。包装设计的商业原则是遵循市场定位，满足目标消费者的需求，并运用商业思维制定包装策略。

当企业品牌力、渠道力充足时，若产品销售情况不好，大多数是产品力出了问题。而产品力中，包装设计最容易被忽视，这可能导致产品滞销，“酒香也怕巷子深”。

产品包装设计是有科学规律可循的，而不是随意创新。如果违背了科学的营销理念，包装只能是一个物理空间的存在，不能让消费者产生购买的“化学反应”。

1 第一节 好包装是用来卖货的，不是为了获奖的

包装是 5 秒广告

好的包装能吸引消费者主动购买；不好的包装没有吸引力，会失去让消费者尝试购买的机会。

好包装就是 5 秒广告，能主动传播并与消费者沟通。

检验一个包装好坏的标准是什么？

从评奖的标准来看，其涵盖关联性、原创性、震撼性、符号性、独立性、实用性、文化性等维度。当然，由于每个评奖组织不同，评奖的标准也不同。

而获奖的产品包装，有很多并没有投入实际的生产和应用中，纯粹是为了评奖而进行落地打样。

获奖的包装就一定是好的吗？

这是一个仁者见仁、智者见智的问题，没有绝对的对错。

按照商业策划的标准，好包装是用来卖货的，不是为了获奖的。

好包装会说话

当我们逛超市，看到货架上琳琅满目的产品，若没有明确购买目标，我们会选择哪一款产品呢？必然是能打动我们的产品。在尚未购买时，能打动我们的往往就是包装。

蒙牛特仑苏的简洁高端包装

蒙牛特仑苏凭借简洁高端的包装，产品年销售额可达 200 亿元。其设计简洁，没有过多花哨的元素，尽显高端大气感。

特仑苏率先革新牛奶外箱包装结构，推出 12 盒礼品装，实现了包装创新。接着在内盒与外箱设计上大胆突破，采用白蓝对比色调，带来强烈的视觉冲击，让人眼前一亮。特仑苏打破了消费者对牛奶白绿配色的固有认知，成功塑造了与众不同的高端品牌形象。

就如特仑苏广告语“不是所有牛奶都叫特仑苏”一般，其包装也是简洁、有个性、高端的，独一无二，符合高端牛奶的属性。

卫龙辣条的年轻化包装

卫龙辣条曾经是极为普通的小零食，甚至被视为垃圾食品。但是，通过创新营销和包装改进，它摇身一变成为“潮货”，成为年轻人喜欢的时尚休闲食品。如今卫龙已成功上市。

卫龙辣条包装上出现的“约吗、压惊、任性、动次、贼大、干货、冷静、豆 A”等文案，精准吸引年轻人的关注，主动与消费者沟通，让包装成为会说话的推广者。虽然后来媒体报道这种文案涉嫌低俗内容，要求整改，但从消费者购买认知角度来说，起到了包装即推广的效果。

卫龙辣条包装以白色为底，搭配红黑字体，在终端货架上特别醒目。

卫龙辣条凭借包装，不仅提升了品牌形象与产品销量，还奠定了卫龙在行业内的老大地位，实现了一年卖出 100 亿包、年销售额超 40 亿元的目标，创造了辣条界的奇迹。

大品牌也需要好包装

很多时候，消费者购买产品的第一考量因素是品牌，消费者信任的是品牌力。

大品牌虽有显著的销售优势，但若同类产品中存在多个同级别品牌，彼此竞争激烈，这时候优质的包装设计尤为重要。

每个行业的头部品牌间都存在竞争，谁的产品更具竞争力，谁就能够赢得消费者青睐，取得胜利。

这时产品包装设计就要发挥重要作用，关键不在于品牌大小，而在于充分考虑消费者需求，设计出让消费者心动的包装，实现卖货的目的。

大品牌也要卖货，产品包装既不能太随意，也不能太稀奇。

设计过于随意会显得平庸，设计过于奇特易被孤立，消费者理解不了就会远离。

好的产品包装不依赖品牌力。

一个优秀的包装设计，自己会说话，其检验标准很简单：将其放在销售终端，观察有没有消费者主动购买。

在检验的过程中，不要有促销员介绍，也不要展示品牌标识，目的就是纯粹从卖货的角度评判包装设计。

正确的做法是包装打样出来后，拿着去超市做调研，摆在终端货架上观察消费者的真实反应。

卖货放在第一位

既能售卖又能获奖的产品包装设计是最优秀的，实现了商业价值和艺术价值的双丰收。

但现实中，也存在包装能获奖却销量不佳的产品。如农夫山泉的打奶茶，其个性化的包装设计——大胆的黑绿色调，虽获得了设计界的认可，但产品始终销量不佳。打奶茶上市时也投放了不少广告，但消费者并不买账。问题并非出在奶茶的口味或包装的审美价值问题上，而是包装成本过高导致产品零售价偏高。消费者会觉得价格超出了产品本身的价值，自然不会购买。

再看椰树椰汁，其包装常被评价为“土”，但椰树一直坚持自己的风格：红、黑、黄三色搭配。布满卖点文案，形成了独特的包装符号。虽然这种包装看似简单，但一年能实现几十亿元的销售额。

从这些案例中，我们可以明白一个道理：好的包装设计不仅要考虑成本，还要兼顾价格和产品的市场定位。

2

第二节

包装设计的 5C 法则

包装设计与市场营销遵循相同的底层逻辑，都是以产品销售为最终目的。

包装设计要遵循 5C 法则，即消费者的愿望和需求（Customer need）、满足需求的成本（Cost）、实现需求的包装便利性（Convenience）、实现需求的包装沟通（Communication）、实现需求所需的消费环境（Circumstance）。

5C 法则对产品包装设计起到关键的作用，决定了产品能否适应市场、成功打开销售大门。

第一法则：消费者的愿望和需求（Customer need）

一款好的产品包装设计，首先要迎合消费者的心理认知，即满足他们对于产品的实际价值需求。

消费者购买产品的第一动机是需求，需求源于内心的直接反应。例如，一个人口渴了，首先产生“渴”的内心需求，接着选择产品品类，如矿泉水、果汁、汽水、凉茶等，选择好产品品类后，再选择购买某个产品。

那么产品包装设计需要突出产品的实际卖点以吸引消费者。比如，水的包装可体现“清澈、凉爽”的风格，凉茶的包装可体现“传统、草本、养生”的调性，让消费者看到后能联想到自身需求，从而将该产品列为选择对象。

奢侈品的包装设计应与消费者的认知品味相契合，以此满足他们对于尊贵感和优越感的心理需求。包装设计务必与众不同，尽显超凡脱俗。奢侈品应具备稀缺属性，成为珍贵稀缺的象征，因为消费者内心往往有着炫耀的心理诉求。

消费者的心理需求也不是一成不变的，包装作为“引路人”，发挥着引导消费的作用。尤其是新品上市的时候，包装设计的成功与否，可以通过观察目标人群的购买行为判断。

对于消费者的包装心理需求，可从以下两个方面思考包装设计。

1. 消费者为什么购买产品

这是包装设计首先需要思考的理性需求点。从消费者角度审视包装设计，确保设计不脱离产品核心属性避免出现“驴唇不对马嘴”的违和感。

购买产品是购买其本质，包装不能脱离产品本身解决某种痛点，要明确产品的价值属性。

2. 消费者为什么购买我们的产品

站在消费者的角度看待自己的品牌和产品，给消费者一个选择的理由。如果不能从竞品中脱颖而出，就需要重新审视产品包装。

同类产品很多，要想让消费者选择自己的产品，就要解决消费者痛点，并通过包装直观地表达出来，以达到吸引消费者购买的目的。

第二法则：满足需求的成本（Cost）

包装是用来表现产品价值的工具，而非削弱产品价值的因素，过于高级或过于低级的包装都会损害产品价值，因此有必要弄清楚消费者对于产品包装愿意承担的基本费用。

大众快消品的包装相对朴实，不需要过多的装饰，不然会适得其反。

电子类、高端酒水等产品的包装成本相对较高，因为包装不单纯是一层保护产品的外衣，更是产品价值的重要组成部分。高端的包装会提高产品附加值，促进销售，提升品牌形象。

因此，包装设计需精准把握目标人群的心理需求，符合消费者的心理预算。简言之，包装设计应契合消费者的习惯认知，根据不同消费者的特点进行设计，设计成本也应因人而异。

1. 战略需求的包装成本

笔者策划的一款畅跑乳酸菌饮品，年销售额过亿元，成为商超中畅销的常温乳酸菌饮品之一。其成功的一个原因是将包装从原来的四色印刷改为单色印刷，大幅降低包装成本。包装成本降低后，畅跑的售价随之降纸，在市场竞争中占据明显优势。

2. 品牌定位的包装成本

在同类行业中，如果品牌处于领导地位，需要确保包装设计风格与包装成本相协调。消费者认知中，该品牌的产品应在品质和市场定位上都保持顶尖水准。否则，品牌定位的意义将不复存在。

许多品牌为了升级，通常从产品创新入手，打造更高端的包装，目的是提升品牌形象。然而，这种升级往往伴随包装成本的增加。

3. 个性需求的包装成本

随着产品和消费者的细分，包装形式开始多元化和个性化，包装成本不可搞“一刀切”，而应根据不同的需求进行差异化处理。

第三法则：实现需求的包装便利性（Convenience）

包装的便利性是包装设计的基本法则之一。

一款成功的包装，包含材质的选择、打开的难易程度、打开后的处理方式等，这些都会影响消费者的选择。

例如，过去许多罐头的盖子很难打开，消费者不得不借助铁钳、螺丝刀或剪刀来开启，这使吃罐头变成了一种“负担”。稍有不慎，还可能伤到手指。

以前的食品塑料袋包装需要使用剪刀才能打开，但后来加入了“易撕口”设计，极大提升了消费者使用的便利性。

另外，在包装设计上也要考虑环保材料的使用，如今，可分解、可回收的包装纸越来越受欢迎。

包装便利性主要是从消费者的产品使用场合、使用时间、使用习惯等方面进行创新，满足消费者对于产品的便利使用需求。

第四法则：实现需求的包装沟通（Communication）

产品包装的作用是通过外观实现与消费者的沟通，激发需求并促成购买行为。

例如，蛋糕和饼干类产品通常利用诱人的产品图片和突出的文字，让消费者不需花费过多心思就能够了解产品。

食品的成分表是消费者购买产品时的重要选择依据。随着健康意识的增强，越来越多的消费者开始仔细查看包装上的文字信息，以获取产品的详细情况。

因此，包装设计不仅需注重版式的美观，还需传递产品基本信息。一些关键的产品卖点需要重点展示，以满足消费者的需求，促进沟通和购买。

1. 基本信息

产品的品牌、品类、卖点、产地、生产标准、含量价值等具体内容，需要通过理性的表达，让消费者感受到信息的可查询性和可信赖性。

2. 消费冲动

通过包装设计的吸引力，让消费者产生购买的冲动，与消费者的“小宇宙”发生碰撞，从而实现沟通。

3. 品牌调性

年轻人追求时尚、个性，对于品牌的认知也是如此，一句打动人心的文案可以让包装主动说话。包装应该传达出品牌的内涵，与目标人群产生心理共鸣。

第五法则：实现需求所需的消费环境（Circumstance）

产品陈列的环境因渠道不同，所展现出来的效果也不相同，即消费者在不同环境中对于产品包装的认知是不同的。

随着我国城市化进程的加快，商超、大卖场、便利店、主题餐厅等层出不穷，对于产品的包装和陈列需求也与传统的商业环境有所不同。

例如，昂贵的金银首饰需要体面的展示，需要亮丽的灯光和陈列柜，这样才能体现产品的消费价值，让消费者身临其境地感受产品的魅力。

冰柜内的饮品和牛奶需要冷风与灯光，让消费者在走近陈列区时感受到产品的品质。

家居产品则通过样板间展示，为消费者提供沉浸式体验，让他们感受产品带来的品质生活气息。

消费环境的变化要求包装设计跟着改变，必须符合消费环境的要求，要做到这一点，需要从以下几方面考虑。

1. 产品的市场定位

在做包装设计之前，首先应考虑产品卖到什么样的市场环境中，是一二线城市，还是四五线城市，或是县城乡镇。市场定位决定包装设计的风格。

2. 消费场合的环境

我们都知道酒吧的消费相对较高。啤酒是畅销产品，其包装从容量、规格到色彩、图案设计可能与其他渠道不同。因为酒吧的消费场合需要个性与激情，包装必须凸显自己的品牌文化，才能使消费者有消费的冲动。

3. 终端陈列的环境

包装设计有时需要“三分画七分裱”，不同的终端陈列环境会体现出不同的效果和价值，从而直接影响产品的销售。

总的来说，包装设计需要从消费者愿望和需求、包装成本、包装便利性、包装沟通、消费环境五个方面进行综合考虑。只有抓住产品定位的核心，与消费者建立互动，才能更好地促进销售。

3

第三节

包装设计卖什么

我们所说的“包装设计卖什么”，主要探讨的是包装设计应该突出哪些元素才能让消费者更有购买的冲动，以及何种设计更利于销售。

第一个卖点：图片

产品图片在包装上容易吸引消费者的注意，是常用的设计元素，在快消品行业中应用尤为广泛。

实物拍摄能直接传递产品信息，消费者看到后，容易产生消费的冲动，尤其是食品和饮料类产品。

高品质的产品图片精美诱人，能有效刺激消费者的感官体验。所以，产品图片是包装设计中极具说服力的表达方式之一。

产品图片在包装上能直观传达信息，减少消费者的认知时间，让消费者简单、直接地了解包装内的产品。

以产品图片为核心卖点时，需规避三大设计误区：

一忌产品图片不清晰；

二忌产品图片不够大；

三忌产品图片不生动。

欧美食品饮料包装普遍强调图片主导设计。例如食品类产品常通过高辨识度的实物图片，跨越语言障碍传递核心信息。用图片设计包装适用性广，相对容易操作。采取此种包装时要尽可能放大图片，给消费者带来强烈的第一视觉冲击。

要想让包装出彩，图片可以说是表达产品卖点的基础。很多时候，设计师可以在利用图片的基础上发挥创意，通过独特的构图、辅助元素的创意，甚至是颠覆性的排版，让包装更具有独特性。

康师傅红烧牛肉面卖了几十年，经典的包装是一碗牛肉面照片占据包装主要位置，让消费者垂涎欲滴。

第二个卖点：文案

云南猫哆哩酸角糕的包装上重点推文案，以单句雷人广告语吸引关注。例如，“爸爸，你每天什么事都不做，为什么跟别人说你很忙”“咱们是小孩，总是要给大人们一点面子”等，这是典型的文案包装。

以文案为核心的包装设计正成为趋势。利用汉字文案的内涵吸引消费者，以此达到销售的目的，还可以实现包装的二次传播，对品牌的建设起到维护和推进作用。

除此之外，产品包装还需要醒目的文案来提示消费者，如产品名称、产品卖点等信息。这类文案包装形式丰富多样，也是比较接地气的一种包装设计风格。

例如，中老年高钙奶、老酸奶、老抽酱油、蒸蛋糕、苏打气泡水、小青柠汁、粗粮面包等产品，包装上面最突出的元素就是产品名称，让消费者一眼就知道是什么。

这就是典型的品类文字包装，没有什么所谓的大创意，但可以简单直接地告知消费者产品是什么，起到了包装最基本的售卖作用。

文字突出的包装设计在日本较为常见，日本的清酒、饮料、食品包装上，很多都有醒目的日文。黑色的字体笔画，让人们感受到日本包装的简洁风格。实际上，日文在包装设计应用中非常普遍，大多能直接表达产品卖点，更有利于产品销售。

文案的包装应用设计特别要注意以下三个方面：

一是文案不要过长。

简短的文案最能让人产生联想，消费者不喜欢冗长的文案。包装面积本来就小，不要堆砌过多文字。

二是文案不要杂乱。

无论是几个字还是一句话，突出要表达的卖点即可，不要对文案进行过度设计，导致识别性差，画面杂乱无章。

三是字体不要雷同。

如今是尊重原创的时代，不能直接使用有知识产权的字体，否则会惹上知识产权官司。应尽量采用原创设计，或者亲自书写。

包装上面的书法字体越来越多，一个原因是大家对书法的认可度提高，另一个原因是书写的毛笔字是原创，用在包装上面不会涉及字体版权问题。

第三个卖点：包装形式

包装形式涵盖造型、材质与规格三要素，通过形式创新可形成差异化竞争优势，塑造产品的独特性，提升产品的附加值。

近几年，休闲食品超大包装逐渐流行。部分产品包装高度甚至突破一米，有袋装、桶装等形式。超大包装既吸引了消费者注意，更展示了品牌形象。

君乐宝芝士酸奶采用爱克林袋装，在酸奶包装上塑造差异化，配合芝士酸奶的产品概念，实现了单品销售额突破 10 亿元的销售传奇。

蓝月亮洗衣液的 2 ~ 3 升大桶包装，使销量大增，契合如今家庭洗衣机洗衣的需求，使消费者觉得既省钱又方便。

大家注意一个现象，食用油、冰红茶、方便面为什么会经常加量而不加价？其实这是营销的一种有效策略，能拉动销量，增加消费者黏性。

包装形式的创新有时可以挽救一家企业，通过包装容量的调整、包装材质的改变，给消费者带来新鲜感，激活市场需求。

周黑鸭的锁鲜装非常成功，也引领了行业的发展。此前消费者购买鸭脖、鸭翅等产品后，多置于透明购物袋中，一是不卫生，二是食用不便。锁鲜装的透明 PET 方盒，既能保鲜产品，又方便携带，打开即可食用，解决了诸多实际问题。

在策划和设计产品包装时，从包装材料方面进行创新，有可能实现产品包装成本的降低，提高产品的价格竞争优势。

无论是设计师还是产品经理，进行包装设计时不仅要设计图案，还要从产品包装形式等方面进行思考，做到包装高颜值、高品质、高性价比。

4

第四节

不能让消费者发朋友圈的产品包装不是好包装

“哎，都先别吃，别动筷啊！等我拍个照片，发朋友圈啊！”

这是生活中熟悉的场景，我们和朋友一起吃饭，看到诱人的美食，会忍不住先要拍照片，然后发朋友圈。

为什么大家喜欢发饭菜的照片？因为菜品的颜值高、包装好让人们充满食欲。

上市公司九毛九孵化的太二酸菜鱼，凭借开在商场的独特定位，一推出便火遍全国，吸引很多年轻人排队就餐。在排队的同时就开始发朋友圈，一个是发长长的排队场面，一个是发太二的品牌标识和店面海报，这些内容非常有个性。等入座上餐后，还要拍经典的酸菜鱼招牌菜，又一次传播了太二品牌。

餐饮店深知包装的重要性，其他产品也是如此。产品的包装更是重要，因为消费者第一眼看到的就是包装。

消费者在买到一个产品后，经常称赞的一句话是：“这个包装不错哦！”

很多时候，消费者并没有打算购买某个产品，而在看到产品的包装后，禁不住包装的诱惑，直接下单购买。这就是产品包装的力量。

故宫最近几年非常火。这个具有六百多年历史的大 IP 开始绽放自己的光彩，延伸出很多文创产品。

故宫每年推出日历、公仔、文具、摆件、贴纸、手机支架、行李牌、车贴、冰箱贴、钥匙扣、抱枕、手机壳等文创产品。

这是故宫文化创意设计的力量，无论是造型、颜色还是包装，都能让消费者惊叹和开心，促使消费者拿起手机拍照。还有很多与故宫联名的品牌产品，如口红、香水、包包、水饮、啤酒、食品、茶等，其包装让消费者每年收藏。这就是高颜值产品的魅力。

白酒、茶叶、月饼等传统产品最近流行跨界联名，如茅台冰激凌、大白兔护手霜、小仙炖燕窝流心雪糕、瑞幸与椰树联名的椰云拿铁等。这些联名款产品的包装让人爱不释手。

高颜值的产品会主动“说话”，实现终端的自然动销，包装即广告。

“货卖一张皮”是老祖宗经商时留下的一句话。

货物的外表好看可以卖个好价钱，这强调第一印象的重要性。意思是商品必须讲究包装，做生意必须重视宣传。如果产品的卖相不好，消费者从包装上看就不喜欢，即使里面的产品再好，消费者也不认可，也就实现不了价值交换。

“货卖一张皮”出自一个典故，就是我们比较熟知的“买椟还珠”的故事，讽刺了有眼无珠的人，但也反映了包装的重要性。相传春秋战国时期，楚国一商人用名贵的木材做了一个精美的盒子，把大珍珠放在盒子里拿到郑国去卖。一个郑国人被精美绝伦、浓香扑鼻的盒子所吸引，出高价买下，却把珍珠还给商人。这个故事的原意是讽刺郑国人不识珠宝高贵，却被后世精明的商人诠释为“货卖一张皮”，至于卖的是什么东西、是否货真价实反倒不重要了。

酒香也怕巷子深，说的是好酒要主动走出巷子，让巷子外面的人认识它。好酒走出巷子后，还需要有好的包装，体现自己的价值，需要一张“皮”。

好包装并不是说追求奢华风格或过度包装，而是要通过外在的包装形式体现产品的价值。

小罐茶卖的是包装吗

小罐茶卖得很贵，几乎每个品类的茶叶的零售价都在5000元/斤以上，真的是中国售价较高的茶叶品牌了。

很多人说，小罐茶卖的并非单纯的茶叶，而是包装。其小铝罐设计精致，外盒包装精美，尽显高端大气。

小罐茶能够取得如今的成功，包装功不可没，也让很多人以消费小罐茶为荣，正如小罐茶广告语“贵客到，小罐茶”。

小罐茶的包装实现了三个创新，颠覆了行业传统，让大家看到后纷纷转发朋友圈。

1. 包装形式的创新

传统的茶叶采取袋装、盒装、桶装的包装形式，小罐茶创新采用小铝罐包装，一次冲泡一小罐，方便、简单，颠覆了传统行业的包装形式。

据小罐茶品牌推广负责人介绍：“传统的茶叶包装，以纸袋、塑料袋，及各种铁盒为主，各品牌的产品在外观上很难做到差异化。这种现状不仅造成了消费者在选择时的困难，也缺少对审美、用户体验和情感需求的重视。小罐茶希望通过设计实现审美的提升，并满足用户体验和情感的需求。”

小罐茶通过一罐一泡的设计，不仅让茶叶包装外观更具美感，更是对茶叶的消费方式升级，一罐一泡，手不沾茶，更加卫生，也是一种仪式上的创新。

2. 包装材质的创新

小罐茶将饮品行业的铝罐包装创新应用于茶叶行业，最大限度保留茶叶的形态和新鲜度，确保茶叶的色香味形稳定如初，同时提升用户的使用体验。

小罐茶的铝罐包装在行业内有所争议，但是从消费者角度考虑，确实让传统的茶叶消费者感受到了小罐茶铝罐的新颖。铝罐包装材质不仅体现了环保理念，更是一种高附加值的体现。

3. 包装产品的创新

小罐茶推出了含有西湖龙井、黄山毛峰、福鼎白茶、茉莉花茶、安溪铁观音（清香和浓香）、武夷大红袍、滇红、普洱茶（生茶和熟茶）等几种产品的套装。一盒里面有八位大师打造的不同茶叶，让消费者品尝到不同茶叶的口感，实现了尝鲜的便利性。

按照传统茶叶的包装形式，如果品尝多种茶叶，需要分别购买，而小罐茶用一个套盒全部解决。小罐包装确实发挥了关键作用，上市后被众多品牌模仿。

从小罐茶的包装案例可以看出，好的包装对一个陌生品牌具有重要的支撑作用。优秀的包装设计不仅能够吸引消费者的注意力，还能激发他们主动传播品牌，无论是正面评价还是负面评价，都对品牌的传播起到了推动作用。

尽管小罐茶在后续传播中出现了口碑问题，但在复盘其成功经验时，包装创新无疑是关键因素之一。

如果一个包装没有个性，就难以取得成功，消费者更不会主动看到后拍照。

不能让消费者发朋友圈的产品包装不是好包装，这是对产品最基础的考核标准之一。企业要重视包装的设计，就从“发朋友圈”标准开始吧。

6 CHAPTER 6

第六章 重新认识广告语

广告语的重要性不容小觑，它是董事会的核心关注点，堪称“一把手”工程。因为企业投入千万元甚至亿万元的广告费用于宣传时，广告语的优劣直接关乎广告效果。这就是企业经常说的“我的广告浪费了一半，但我不知道浪费在哪里”。

好的广告语到底是什么样的?

它绝不仅仅局限于追求押韵、对称的句式，也不是盲目地追求创意性与颠覆性的个性表达。广告语不应受限于字数，也不应被所谓创意所左右，只要能够促进销售，就是好的广告语。

广告语虽然往往只有一两句，但是其背后蕴含的内容却极为丰富。广告语可以体现品牌定位，可以展现企业理念，可以突出产品卖点，可以传递企业文化，还可以是服务理念。品牌无论处于哪个阶段，广告语无论怎么改变，其最终目的是服务于企业的发展、推动品牌的建立、促进产品的销售。

我们要摒弃传统观念的束缚，回归消费者的内心认知层面，要么运用简短有力、极具冲击力的语言，瞬间抓住消费者注意力，要么通过反复强化核心信息，不断加深消费者记忆，凭借高频次传播，让消费者耳熟能详。通过这些方式引发他们内心的思考或共鸣。

1 第一节 不做广告，再好的广告语也没用

在营销领域，广告语，英文是slogan，始终是一个绕不开的关键话题，贯穿企业和策划公司的业务始终，大家常常为了想出一个好的广告语费尽心思。

甲方往往会要求乙方："你给我想一个好的广告语，类似'怕上火，喝王老吉''农夫山泉，有点甜''我们不生产水，我们只是大自然的搬运工''山楂树下，多吃不怕'这类家喻户晓的。"

策划广告语本身并没有错，将广告语印在包装上也无可非议。然而，很多人忽略广告语的真正意义，难道它仅仅是包装上的一句话吗？其实不然，我们更应深入思考广告语在整个品牌传播过程中的作用，而不只是局限于包装和海报等传播载体。

广告语，之所以被称为广告语，是因为它是用于广告宣传的关键语句。如果没有广告宣传，广告语就是一句话而已，不会对产品销售起到实质的作用。否则，大家就无需投入重金开展广告传播，只要想出一句所谓"好"的广告语印在包装上，摆在销售终端就可以了。

现实情况并非如此简单，品牌和产品如果不进行广泛传播，很难被消

费者记住。随着传播频次的不断增加，广告语才会逐渐被消费者记住。优秀的广告语无一不是在多年持续不断的广告投放中逐渐积累沉淀而成的，并非仅仅将其印在包装上就能让消费者牢记，这是品牌传播的关键所在。

广告语不是万能的

大品牌能够成功，除具备强大的产品力外，还在于进行了大量的营销活动和广告推广。这些营销和推广使消费者记住了品牌，使其成为产品品类的代表，广告语也是水到渠成地给消费者留下了深刻记忆。实际上，并不是一句广告语成就了企业，广告语只是一个口号，关键在于营销工作的出色开展。

做广告是任何一个品牌塑造过程中必不可少的环节，在此过程中，广告语的威力得以凸显。好的广告语不仅能够拉动销售，还能引发口碑传播。曾经，脑白金那句“今年过节不收礼，收礼只收脑白金”的广告语，大人小孩都能倒背如流，极大推动了脑白金品牌的发展。这句广告语是经过测试后选定的，简单易记，有利于口碑宣传。假设这句广告语从未出现在电视广告、户外广告、公交车体广告上，我们还能知道脑白金品牌吗？更别说记住它的广告语了！

再如农夫山泉的广告语“我们不生产水，我们只是大自然的搬运工”。假设农夫山泉采用这句广告语后，只把它印刷在包装上面，却不在电视、电梯分众、公交车体、杂志等媒体投放广告，消费者能记住这句话吗？更关键的是，消费者会仅仅因为看到包装上的这句话就直接买单吗？

显然，广告语要想广为人知，本质离不开广告传播。不进行广告传播，广告语很难被消费者记住。

消费者购买产品，并不全是因为广告语好

每天做广告的品牌和产品很多，可为什么每一个品类中成功的寥寥无几，往往只有几个一线品牌卖得好呢？难道只是因为广告语好吗？当然不是。

一些新兴的品牌，即便广告语再好，消费者也未必去购买其产品。广告语不是万能的，产品畅销归根结底依靠的是好产品、好品牌、好价格等多种因素，并非单纯取决于广告语。

广告语的重要性毋庸置疑，好的广告语至少能够引导消费者初次购买。

华为手机销售业绩出色，在国内手机销量一度位居榜首，还远销其他国家。苹果手机更是享誉全球，畅销全球。这两个品牌的广告语常随着产品而变换，大多数人很难全部记着，但不影响这两个品牌产品的销售。这是否意味着广告语对于这两个品牌就不重要了呢？

当然不是，我们并非否定广告语的作用，而是要明白一个最基本的商业本质：首先要做好产品，以产品内在的品质、外在的包装特质和过硬的产品力为基础，而不是就考虑外在的广告语如何。如果产品质量不好，做再多的广告也是徒劳，不过是自娱自乐，既无法实现畅销，更无法成就品牌。

广告语不是企业的救命稻草

回顾曾经辉煌一时的山东孔府家酒，它邀请《北京人在纽约》的主演王姬代言，喊出非常经典的广告语“孔府家酒，叫人想家”，在当时有力地推动了品牌发展。然而，孔府家酒并没有因此持续繁荣，反而逐渐走向没落，如今更是境况萧条。深入分析原因，除了激烈的市场竞争，企业内

部经营管理存在的诸多问题才是关键所在。

孔府家酒通过在央视大量投放广告，从而让全国消费者都知道这个品牌。但设想一下，如果只保留原有的广告语，却不再在央视投放广告，也没有坚持长期的广告宣传，全国能有多少人记住这个品牌？

显然，好的广告语印在产品包装上，能为品牌起到锦上添花的作用，但绝不可能成为在企业陷入困境时力挽狂澜的救命稻草。

不进行广告宣传，再好的广告语也无济于事。

并不是说广告语不重要，而是要正确理解广告语的本质，即广而告之。

如果要开展广告活动，就要特别重视广告语的提炼。将其提升至品牌战略、产品定位以至市场规划等关键层面，随后进行重复传播，占领消费者心智。

2

第二节

广告语不是一成不变的

无论是线上还是线下宣传，广告语都应保持统一，只有这样才能凝聚聚焦的力量，在消费者心中牢固树立品牌形象。然而，由于广告语的表达重点会因宣传时机的不同而有所变化，因此，广告语不是一成不变的。随着品牌的发展，广告语需要不断升级和创新，以符合品牌战略发展需要。

同样，广告语在产品上市初期和成熟期也会有所不同，并且会根据市场的动态变化及时做出调整。

广告语为谁而生

那么，如何判断广告语的优劣呢？由于每个人的认知存在差异，对广告语的喜好也有所不同。有人喜欢简单直接喊卖点的，有人喜欢蕴含品牌文化的，有人喜欢形象比喻的，有人喜欢顺口押韵的，广告语的表达方式丰富多样。

总体来说，判断广告语的基本标准则在于明确它的服务对象，也就是思考的角度。一旦确定了这个角度标准，选择和判断就容易很多，只需筛选出符合特定传播角度的广告语即可。

品牌广告语是品牌传播的核心工具之一，承载着品牌的理念、文化和价值观。

品牌不仅是一个综合的概念，更是消费者情感认知影响的产物。虽然品牌通过品牌标识等视觉符号传递形象，但是广告语的作用更为多元。

品牌广告语的核心在于传递品牌的文化和理念，例如，耐克的“Just Do It”（想做就做）、百事可乐的“渴望无限”、戴比尔斯的“钻石恒久远，一颗永流传”、海尔的“真诚到永远”、利郎的“简约而不简单”等。这些广告语的核心在于传递品牌的理念或者文化，能引起消费者内心的共鸣，进而认可广告语，提升品牌忠诚度。

品牌理念并非一成不变。2010年12月20日，伊利集团正式公布了新的品牌主张：“滋养生命活力。”这一主张不仅体现了伊利通过营养丰富的产品提升消费者健康水平的承诺，还要让每个家庭的每个成员都能在伊利的积极倡导下，享受充满生命活力的健康生活，助力实现和谐社会的共同理想。

伊利的广告语也反映了其品牌理念的演变：“天然天地，共享伊利”；“稠稠如琼浆，伊利人奉献”；“伊利纯牛奶，纯粹好牛奶”；“好牛，好奶！好伊利”；“青青大草原，自然好牛奶，为梦想创造可能”。

伊利不断更换品牌广告语，如今的“伊利，滋养生命活力”便是其最新的成果。随着伊利企业的品牌战略持续调整，广告语也随之改变，以更好地传递品牌理念，适应市场需求。

品牌广告语与产品广告语虽然都是品牌传播的重要手段，但其核心目标有所不同。

品牌广告语的核心在于传递品牌的理念和文化，引发消费者的情感共鸣。例如，伊利的“伊利，滋养生命活力”不仅是对产品功能的描述，更是对健康生活方式的倡导。

产品广告语则更注重提炼产品的独特卖点，直接打动消费者，激发购买欲望。例如：红牛的“困了累了喝红牛”直接点出了产品的功能定位；OPPO 的“充电 5 分钟，通话 2 小时”突出了产品的技术优势；飞鹤奶粉的“更适合中国宝宝体质”强调了产品的差异化优势。

产品广告语通常从产品的物理属性、技术优势、使用方法等维度出发，提炼出与竞争对手形成差异化的卖点，直接、简洁地传达产品的核心价值。

无论是品牌广告语还是产品广告语，其成功的关键在于：首先，与品牌或产品的核心价值一致，广告语必须准确传达品牌或产品的独特价值；其次，简洁易懂，广告语应简单直接，让消费者一目了然，产生情感或功能上的共鸣；最后，差异化，广告语应与竞争对手形成明显的差异化，突出品牌或产品的独特优势。

例如：豆黄金品牌的“0 添加腐竹”“只有大豆和水，其他没了”强调了产品的纯净与健康；三只小山羊羊绒衫的“裸穿不扎人”突出了产品的舒适性与高品质。

这些广告语从消费者需求出发，提炼出个性化的卖点，与竞争对手形成差异化，从而打动消费者。

广告语要与时俱进

当广告语取得成功后，便能有力推动产品畅销，助力品牌塑造。最终产品与品牌紧密相连，甚至在一定程度上成为品牌的代表。当一个产品品类等同于品牌时，广告语也会随之发生调整和改变，其原因在于品牌诉求更多聚焦于文化层面。

红牛的广告语从“困了累了喝红牛”到“你的能量，超乎想象”；六个核桃的广告语从“经常用脑，多喝六个核桃”到“六个核桃，六六大顺”。可以看出，广告语不再局限于产品功能介绍，正逐步向品牌文化诉求方向转移。

广告语的与时俱进和变化，是以市场的发展需求、品牌战略调整、新品推出、文化缔造、品牌升级等为基础的。广告语不仅是一个产品或者品牌阶段性的任务使命，更是品牌与消费者沟通的重要桥梁。

广告语不可常变

想成就一个伟大的品牌，广告语一经确定，就不能频繁更换，尤其是在品牌创建初期。因为这一时期给消费者留下的第一印象非常重要。如果广告语没有第一时间进入消费者心智，后期再频繁调整广告语，很容易让消费者陷入记忆混乱。

经典广告语的成功离不开重复传播，例如“农夫山泉有点甜”这句广告语持续传播十多年，成为矿泉水行业的经典。

面对市场竞争，农夫山泉推出“我们不生产水，我们只是大自然的搬运工”，着重突出产品的天然纯净特质。这句广告语确定后，农夫山泉围绕它做了很多内容的背书，拍摄风格类似动物世界的广告片，传达优质水源孕育生命的理念，让消费者更深刻地认识到农夫山泉水源的优质，突出“我们只是大自然的搬运工”这一理念。

策划好的广告语要以品牌战略为核心，在品牌战略不同发展阶段制定适配的广告语，既要做到长期稳定传播，又要与时俱进，从消费者角度、竞争角度、自我发展的角度考虑。

3

第三节

广告语不要掉进对仗句式的陷阱

很多时候，大家都喜欢对仗式的广告语，如六字、八字、十字的广告语，这与中国文化密切相关。我们从小学就开始学习对仗式的古诗词，因此对这种形式非常熟悉。

此前，有很多大众熟知的对仗押韵式广告语，例如：维维豆奶，欢乐开怀；人头马一开，好事自然来；一品黄山，天高云淡；要想皮肤好，早晚用大宝；滴滴鲁花，香飘万家等。这些脍炙人口的广告语前后两句字数相同，且最后一个字押韵，听起来悦耳，读起来比较顺口，容易记住。

另外还有一些广告语不追求押韵性，以个性表达、出其不意、不拘一格为特点。

例如，美特斯邦威的“不走寻常路”、移动动感地带的“我的地盘听我的”、蒙牛特仑苏的“不是所有牛奶都叫特仑苏”、优乐美奶茶的“你就是我的优乐美”、茶 π 的“茶 π，自成一派”、新东方的“新东方，老师好”等。这些广告语打破了对仗式的形式，用简单的一句话突出品牌个性，同样让人记忆深刻。

因此，广告语的表达可以是多元化的，并非都要对仗和押韵。

学会冲突式广告语

滋源“洗了一辈子头发，你洗过头皮吗？”“海澜之家，男人的衣柜”“男人一年逛两次海澜之家”“旅游之前，先上马蜂窝”“赶集网，啥都有！”这些广告语都出自叶茂中老师之手，虽然不对仗押韵，却让人耳熟能详。

叶茂中老师曾经说过，广告语要么让人听到后产生疑问，要么发出感叹，若无法做到其中的一条，广告语就是失败的。叶茂中老师的广告语基本上都属于冲突式广告语，即通过制造冲突来吸引关注。

例如，“洗了一辈子头发，你洗过头皮吗？”这句话看似不符合传统广告语的标准：一是没有出现品牌名称，二是没有直接点明产品利益点，三是不对仗押韵。但正是这种冲突式的表达，成功引发了消费者的好奇与反思，促使滋源洗发水一度成为国内洗发水市场头部品牌。

再如，“旅游之前，先上马蜂窝”，这句话并没有解释为什么上“马蜂窝”，而是通过设置悬念引发消费者的好奇与疑问，给消费者留下深刻印象，从而使马蜂窝 App 下载量直线上升。

农夫山泉是冲突式营销的典范。农夫山泉改变了中国消费者对瓶装水的认知，奠定了其品牌地位。

“我们不生立不，我们只是大自然的搬运工”直接表明其产品为天然水，不做工业纯净水，矛头直接指向娃哈哈、康师傅、怡宝等品牌。天然水、矿泉水源于自然，农夫山泉为体现自然的程度，将自身比喻成“大自然的搬运工”，让消费者生动地理解农夫山泉的天然品质，同时引发消费者对其他品牌的质疑。

此外，农夫山泉还通过“pH 值挑战赛”等营销活动，进一步制造冲突认知。例如，通过在水里种植植物、养鱼等实验，向消费者普及“弱碱性水才是好水”的概念，颠覆了传统认知。这一系列操作不仅吸引了消费者关注，还促使国家相关部门出台政策，规定包装水只能分为“纯净水、天然水、天然矿泉水”三类，间接打击了竞品。

五谷道场的广告语“非油炸，更健康”也是冲突式广告语的典型代表。它通过引发消费者对方便面健康问题的思考，成功传递产品价值主张。

冲突式广告语的优点是快速吸引消费者关注，起到引流的作用，有利于提高产品及品牌知名度。

定位式广告语

例如：怕上火，喝王老吉；滋补国宝，东阿阿胶；雅迪，更高端的电动车；飞鹤奶粉，更适合中国宝宝体质的奶粉；青花郎，中国两大酱香白酒之一；香飘飘，杯装奶茶开创者，一年卖出3亿多杯，杯子连起来可绕地球一圈；等等。这些广告语从消费者心智认知方向出发，直接回答“我是谁？我能做什么？我做了什么？”

定位式广告语的核心目标是占据消费者心智，成为一个品类、一个区域的头部品牌。它可以扩展到整个行业乃至整个中国市场，也可以聚焦于特定区域。

广告语需要接地气

“你喝的只是汽水，我喝的是北冰洋”“好吃不过黄老五”“康师傅红烧牛肉面，就是这个味儿”“好空调，格力造”“没有中间商赚差价，车主多卖钱，买家少花钱，瓜子二手车”等广告语，读起来顺口，容易理解，虽然没有工整的对仗或深奥的语言，却非常接地气。

通俗易懂、简单直接的广告语比较容易传播。面向大众消费者时，这类广告语认知成本低，能够有效降低营销中的沟通障碍。

我们策划的畅跑品牌乳酸菌饮品，一年销售1.2亿瓶，成功的关键在于产品的极致性价比。其终端销售价格为 9.9 元，广告语是：“9.9 元，一排的价格买三排。”这里的“一排”指的是 5 瓶，市场上同类产品通常以 9.9 元或 10 元售卖一排，而畅跑则以同样的价格提供三排共 15 瓶。这句广告语直接表达了产品的价格优势，在终端销售场景中极具吸引力，有效推动销量增长。

这类接地气的广告语越来越流行，因为消费者越来越理性。他们每天面对大量的广告，很容易忽视那些复杂、难以理解的内容。接地气广告语通常具备三个特点：通俗化、简单化、人性化。

好广告语不应再以谐音、对仗为唯一标准，而应以是否对产品销售有帮助、是否对消费者认知有帮助、是否对品牌认知有帮助为核心目标。

好的广告语，是能够满足消费者需求的。

4

第四节

广告语的策划思路

成功的广告语都有一个共性：相对于竞品，它们突出了自己的个性，塑造了产品或者品牌的与众不同之处。

好的广告语策划思路有两个维度：一个是从产品层面思考，另一个是从品牌层面思考。

从产品层面思考广告语

产品永远是核心，大多数广告语是从产品层面进行策划，因为消费者购买任何产品时，首先会关注产品属性，即该产品具有什么功效。

1. 表达产品是什么

这类广告语表达了产品是什么、具有何种价值等，让消费者一目了然。

例如：厨邦酱油美味鲜，晒足 180 天；乌江榨菜，三清三洗三榨；钱大妈，不卖隔夜肉；营养还是蒸的好，真功夫；等等。

这类广告语以客观、理性的方式告知消费者产品的特点，赢得了消费者的信任。策划时需要充分了解产品信息，提炼本质，最终形成简洁有力的陈述语言。

如果企业无法清晰表达产品是什么，说明存在定位问题，消费者也难以了解产品。因此，明确产品是什么，是首先要解决的基本问题，否则，产品难以畅销。

2. 表达产品卖点是什么

产品卖点可以从多个维度思考，包括竞品分析和消费者需求等。卖点既可以是物理属性，也可以是情感属性。

例如：困了累了喝红牛；不是所有牛奶都叫特仑苏；母亲牌牛肉棒，妈妈的味道；等等。这些广告语从功效、情感、文化等不同角度表达卖点，核心是从市场竞争和消费者需求出发，挖掘打动消费者的利益点。

无论从哪个方向策划，广告语最终应呈现“直观化、体验化、生动化”，让消费者第一时间理解，否则广告语就失去了告知的作用。

从品牌层面思考广告语

品牌广告语与产品广告语最大的区别在于，品牌广告语不仅表达产品属性，更需承载品类价值与文化情感，相较于产品广告语，品牌广告语具有更广阔的思考空间。

“爱她，就带她去哈根达斯”，这是巧妙暗示男友，如果你不请女友吃哈根达斯，就表示你好像不爱她。

多一些润滑，少一些摩擦，统一润滑油。这句广告语既表达了产品属性，又表达了品牌的调性，一语双关。统一润滑油也因这句广告语得到广泛传播，甚至被很多人拿来作为调侃人际关系的话，不得不说，统一润滑油的品牌广告语非常成功。

品牌广告语贩卖文化方向

我们常谈及一个品牌的品牌文化，它能带给消费者独特的感受，这种感受能够感染消费者，从而促使消费者购买该品牌的产品。

例如，百事可乐为了区分可口可乐，喊出了“年轻一代的选择”等广告语，并未提及自己的可乐产品如何出色，只是塑造百事可乐的年轻品牌文化，以此感染年轻人。

再如，“人头马一开，好事自然来”这句广告语脍炙人口。人头马作为一款进口到中国的酒，价格相对高昂，主要消费场景集中在酒吧等处。如何推动大家消费人头马这款酒呢？这句广告语起到了一定的助推作用。它将人头马塑造成能够带来好运的吉祥象征。无论是朋友请客，还是商务宴请，开启人头马，便寓意好事将至，人们心里就会想着合作愉快、合作成功。这种好运的文化深入人心。

“Just Do It”是耐克的经典品牌广告语，它可以理解为“想做就做”“坚持不懈”等意思，突出年轻人的自我意识，强调运动本身的内涵。这句广告语让年轻消费者感受到了自由和拼搏，传递出积极向上、永不服输的文化理念，引发广大年轻人的共鸣，助力耐克成就了头部品牌的地位。

“男人就应该对自己狠一点，柒牌男装。”听到这句话，尤其是男性，往往会深受触动。我们遇到事情，一定要对自己狠一点，努力渡过难关，奋力攀登高峰。

很多时候，如果单纯从产品本身寻找卖点，很难打造出差异化，也难以策划出顶级的广告语。在这种情况下，我们就应该从品牌入手，传递出与众不同的品牌价值。

品牌广告语的两个方向

“雅迪，更高端的电动车”“青花郎，中国两大酱香白酒之一”这些广告语大家非常熟悉，且具有相似之处。这类广告语将品牌锁定为行业领先品牌，致力于占据消费者心智，使其成为品类的代表，从而助力品牌走向成功。

定位式广告语简单直接，通过彰显行业地位进行传播。然而，这类品牌广告语成功的前提是产品已经处于行业前列，并要有数据作支撑，否则就是欺骗。

“海澜之家，男人的衣柜”。海澜之家从消费者需求角度出发，将自身形象比喻为男人的衣柜，通俗易懂，取得了销售和品牌的双重成功。策划海澜之家广告语的叶茂中老师在分享海澜之家案例时，提到了冲突营销方法论。

海澜之家的品牌广告语正是基于冲突营销方法论策划出来的。简单来说，大部分男性不喜欢逛街，但是也需要购买合身的衣服，这两个想法之间存在冲突。那么，如何解决这样的问题呢？答案就是来海澜之家。在这里，消费者可以像在自己的衣柜中挑选衣服一样，既省时间，又能挑选适用不同场合的衣服。这是典型的从消费者需求出发，发现需求的冲突点，找出解决方案，进而提炼出品牌广告语的案例。

整体看，无论是定位式品牌广告语，还是冲突式品牌广告语，最终的目的都是让消费者信任品牌，使品牌占据消费者心智，成为消费者购买产品的首选。

在策划广告语时，我们要善于洞察消费者的心理，分析竞争对手的情况，同时明确自身的优劣势，从产品、品牌两个层面出发，策划适合自己的广告语。

此前，很多人提到过，好的广告语有三个标准：

一是对手恨不恨，二是销售用不用，三是客户认不认。

从战略定位的角度来看，好的广告语要做到以下五点：

第一，传定位；第二，嵌品牌；第三，有场景；第四，有利益；第五，有按钮。

7

CHAPTER 7

第七章 学会塑造 IP

当今做营销，如果你不知道或者没听说过 IP，只能说你跟不上时代了。如今，IP 营销已经成为品牌竞争的核心战场。无论是企业借力知名 IP（如小猪佩奇、迪士尼米老鼠、小黄人等），还是自主打造 IP（如麦当劳、肯德基、三只松鼠、周黑鸭等），都是在营销品牌 IP，让 IP 有故事、有口碑、有话题。

通俗地讲，IP 就是具有专利的知识产权的形象或文字内容。中国四大名著就是知名 IP，金庸的武侠小说也是知名 IP。除此之外，IP 既可以是人，如褚时健、王石、马云、乔布斯、王菲、朱婷等不同行业的人物，也可以是品牌 / 产品，如著名运动员李宁凭借其个人成就了体育品牌李宁。

随着“90 后”“00 后”逐渐成为主要消费者群体，IP 营销呈现新趋势：他们追求个性化表达，追捧自己喜爱的 IP。因此，IP 营销将越来越注重个性鲜明的表达。

1

第一节

IP 是什么

IP（Intellectual Property），即知识产权。在当今文化产业中，它的含义早已超越字面意思。IP 可以是多维度开发的文化产业产品，也可以是吸引人们关注和传播的人物、知识与产品。

金庸先生的武侠小说，如《笑傲江湖》《射雕英雄传》《神雕侠侣》《天龙八部》《倚天屠龙记》《雪山飞狐》《鹿鼎记》等，堪称经典 IP 的典范。这些作品已被翻拍成多个版本的电视剧或电影，形成了强大的文化影响力。

网络小说《仙侠奇缘之花千骨》最初在网络上成为热门 IP，后来被改编成电视剧《花千骨》，并成为当年的热播剧。

同样，《鬼吹灯》这部悬疑盗墓小说在成为图书销售排行榜榜首之后，其 IP 价值逐渐凸显，被改编成多部电视剧和电影，均取得了不错的成绩。

在电影领域，IP 的价值非常显著。电影放映后，如果创下了不错的票房成绩和口碑，就可能成为系列电影的开端。

例如，《唐人街探案》作为“唐人街探案系列”的开山之作，凭借良好口碑赢得大众认可。后来，《唐人街探案 2》《唐人街探案 3》《唐人街探案1990》接连推出，广受欢迎。

除此之外，《非诚勿扰》《捉妖记》《战狼》《熊出没》《哪吒》等国产电影也凭借出色的故事和人物塑造，成为知名IP。

国际上，《哈利·波特》《速度与激情》《钢铁侠》《美国队长》《复仇者联盟》《阿凡达》《星球大战》等系列电影，不仅在全球范围内创下了高票房纪录，更成为全球知名的文化符号。

IP不仅限于影视作品，它还可以是具有广泛影响力的人物。

在商业界，乔布斯、马云、雷军、董明珠、曹德旺等企业创始人，他们的名字就自带流量。消费者对他们的喜爱往往延伸到其创立的品牌上。在体育领域，乔丹、科比、詹姆斯、罗纳尔多、C罗等国外知名运动员，李宁、邓亚萍、姚明、李娜、刘翔、邹市明、朱婷、张伟丽等国内知名运动员，都是各自领域内的知名IP。

娱乐界明星更是IP的重要组成部分。企业请娱乐明星当代言人，正是看重他们的流量和影响力。娱乐明星通过自身的知名度和粉丝基础，能够为企业带来品牌影响力和销量的提升。

IP还可以是产品本身。一个具有独特魅力的产品，从内容物到外包装的美观度，再到品牌形象的传播，都可以成为深入人心的IP。

而动漫形象也是企业喜爱的IP形式之一。《小猪佩奇》《海底小纵队》《黑猫警长》《海绵宝宝》《猫和老鼠》《蓝精灵》《小黄人》《奥特曼》《葫芦娃》《大头儿子小头爸爸》等动画片的主角形象，深受孩子们喜爱。这些IP被广泛用于产品包装和营销中，吸引大量消费者关注。

IP是收益

IP之所以火爆，是因为它能够为企业带来显著的商业收益。

例如，笔者的客户曾购买小猪佩奇IP用于乳酸菌产品包装，实现了销量增长，整体带动了企业升级。这是小猪佩奇 IP 赋能的结果。但 IP 也并非万能钥匙，企业仍需在运营和资源投入上持续发力。

很多中小企业通过购买动漫 IP 实现了销售额增长，尤其在儿童食品和玩具领域尤为显著。这些动漫 IP 就是品牌与儿童的情感连接符号。

成熟的品牌，如雀巢、达能、伊利、蒙牛、雪花啤酒、青岛啤酒等，常通过嫁接电影 IP 提升产品品牌的影响力。例如，利用电影 IP 的火爆现象，提升品牌曝光率和关注度，实现品牌传播价值。

近几年，中国传统文化复苏，国潮越来越受欢迎，催生了大量国潮产品。故宫、国博（国家博物馆）IP 迎来热潮。国际品牌欧莱雅、肯德基，国内品牌农夫山泉、六神等，携手故宫 IP 或国博 IP 推出了限量版国潮产品，成为现象级爆款。

IP 时代已全面到来。随着国内经济内循环的深化，更多优质国产 IP 不断涌现，将会带动不同行业品牌的增长。

IP 自带流量，无论是电影还是个人，都能通过社交传播实现快速传播。

当然，企业除了购买 IP，更要注重自身 IP 的打造，如品牌符号、创始人形象、明星产品等。只要是能成为赋能企业发展的 IP，都应该被充分挖掘和塑造。

2

第二节

好 IP 还是要回归内容

《哈利·波特》为什么能从第一部拍摄到第八部？

老干妈为什么在美国的售价高于国内？

瑞幸和茅台联名推出的酱香拿铁为什么爆火？

通过以上案例可以看出，电影、产品都可以成为 IP，它们成功的共性在于内容出色。

好 IP 都是经过长时间的积累而成的。它们具有五种共性，即好 IP 的内容标准包括故事简单化、人物个性化、认知符号化、风格统一化、传播口碑化。

故事简单化

无论是图书、电影还是动漫，优质 IP 的核心在于故事。好的故事能够引发情感共鸣，无论是感动还是欢乐，都能深入人心。

想打造优质 IP，则故事需要相对简单化，便于记忆和传播，进而形成口碑效应。如果故事非常复杂，甚至“烧脑”，则可能难以吸引大众关注，更不会形成广泛传播的 IP。

《小猪佩奇》(*Peppa Pig*）是由英国动画公司 Astley Baker Davies 和 Entertainment One 联合制作的原创欧洲儿童系列电视动画，由内维尔·阿斯特利、马克·贝克等编剧，内维尔·阿斯特利、马克·贝克、菲尔·霍尔与乔里斯·范胡尔岑执导。自 2004 年 5 月 31 日在英国电视台首播以来，已在全球 100 多个地区播放。仅在中国，其年累计播放量就超过 100 亿次。《小猪佩奇》每集讲述一个故事，时长约为几分钟，围绕小猪佩奇与家人的日常生活展开，幽默而有趣，深受观众喜爱。

故事简单化是打造成功 IP 的关键因素之一。只有保持故事核心明确、主题连贯、人物设定稳定，才能形成有效积累。

人物个性化

《西游记》是中国四大名著之一，也是最具文学影响力的 IP 之一。电视剧《西游记》多次重播，成为全球重播率和收视率最高的电视剧之一。《西游记》的故事虽然没有《水浒传》和《三国演义》复杂，也比不上《红楼梦》的文学价值，却是中国四大名著中塑造最成功的超级 IP 之一。

《西游记》故事简单，人物鲜明：唐僧慈悲为怀，信念坚定；孙悟空神通广大，不受约束；猪八戒憨厚幽默，贪图享乐；沙僧憨厚老实，做事沉稳。师徒四人的性格差异非常大，个性鲜明，使故事充满张力。这种差异化的人物设定，为故事的延展提供了丰富的空间。

认知符号化

成功的 IP 都具有鲜明的符号特征。人物性格是符号，人物形象也是符号。由于大众对 IP 的认识首先来自视觉，因此，要想打造成功的 IP，必须塑造易于识别的人物符号。

Hello Kitty（凯蒂猫）诞生于 1974 年，由日本三丽欧公司设计师清水侑子创作。当时三丽欧公司要推出一款小钱包，希望在钱包上展示一个全新的卡通人物。Hello Kitty 的设计师在设计之初想到孩子喜欢的动物通常有小熊、小狗和小猫等，由于前两者早已推出过，她便决定采用小猫的形象。尽管三丽鸥创始人辻信太郎最初并不看好，但这只系着红色蝴蝶结的小白猫 Hello Kitty 最终风靡全球。

Hello Kitty 的可爱造型和专属蝴蝶结，构成了其独特的视觉符号体系。

颜色的符号化也是 IP 塑造的关键。如粉色的小猪佩奇、蓝色的蓝精灵、黄色的小黄人、绿色的绿巨人等，这些色彩符号已成为 IP 认知的重要组成部分。

风格统一化

乔布斯是苹果的灵魂人物，也是其品牌 IP 的核心。他的经典装扮——黑色高领衫和牛仔裤，成为苹果发布会的标志性符号。

成龙出席很多场合都穿唐装，著名策划大师叶茂中总是戴一顶红星帽子，著名舞蹈艺术家杨丽萍经常穿民族服装。这些名人通过统一的视觉风格，塑造自己的 IP。

《唐人街探案》是一个成功的电影 IP。主角唐仁、秦风都是保持了外在形象、内在做事性格的统一化，赢得观众的喜爱。另外，影片在色调、服饰、场景、音乐等细节上保持了风格一致性，进一步强化了 IP 认知。

品牌人物 IP、品牌动漫 IP 等，都应在形象、颜色、性格、行动上保持一致，传递统一的文化理念。

传播口碑化

好的皮囊千篇一律，有趣的灵魂万里挑一。

产品如此，电影如此，人也是如此。想要成为成功的 IP，首先需要有优质的内容。只有内容出色，才能引发口碑传播，实现自发传播裂变。

姚明是中国体育的标志性人物之一，也是一个名人 IP，赢得了很多人的喜爱和称赞，成为口碑传播的典范。

《流浪地球》《战狼》等国产电影获得了不错的票房，靠的就是内容出色，实现了口碑传播，成为好的电影 IP。

优质内容始终是成功的关键。内容是核心竞争力，其他要素则是其延伸和补充。

而对于企业来讲，产品就是最主要的 IP，只有打造出符合消费者需求的产品，才能实现产品销量增长，实现 IP 的最大化传播。

3 第三节 好 IP 需要好的营销

俗话说，“酒香不怕巷子深”。

在如今产品过剩、消费体验丰富的时代，市场竞争极其激烈，产品众多，消费者的爱好也更加多元。如果没有好的营销，即便有好的产品，也很难使其成为知名 IP。

要想成为知名 IP，必须通过系统的营销策略进行品牌塑造与传播。

乔布斯成就苹果 IP

苹果手机开创了智能触屏手机时代，重新定义了手机概念，引领了智能手机的发展。苹果手机首先是产品自身质量好，具备了好 IP 的基础。而乔布斯的个人魅力和苹果的全球广告营销，成就了苹果的商业帝国。

苹果的年度产品发布会逐渐演变为备受瞩目的营销盛事，成为消费者和业界关注的活动，也是公众热议的焦点。特别是乔布斯主持的苹果发布会，更是媒体争相报道的热点，对苹果品牌的推广起到了重要的作用。

苹果公司的成功，无疑与乔布斯先生的卓越贡献密切相关。尤其是他所领导推出的具有划时代意义的智能手机——iPhone 4，极大地提升了苹果的市值，使其一度成为全球最具价值的品牌之一。这充分体现了乔布斯作为品牌建设者与 IP 的非凡影响力。

褚时健大 IP 加持褚橙

生产优质橙子不难，但如何将其卖个好价钱却是业内经常遇到的问题。中国不缺好产品，关键在于如何通过营销让更多人购买并持续复购。

褚时健曾被称为“中国烟草大王”，成功打造了云南红塔香烟品牌。褚时健也被称为“中国橙王”，他在 74 岁高龄时，投身农业，创立品牌“褚橙”。尽管他身患糖尿病，但依然怀揣梦想，致力于打造出中国最好吃的橙子。褚时健种植橙子的事传开后，成为人们议论的话题，开启了褚时健 IP 的社会营销。

2012 年，褚橙正式通过电商进驻北京市场。一时间，褚时健的名字出现在各大媒体上，褚橙被当作“励志橙”。很多企业老板大量团购，以此作为对员工的鞭策和激励，希望员工学习褚时健不认输、不服输的创业精神。

褚橙确实好吃，这离不开褚时健团队多年的辛苦付出。通过互联网的推广，褚橙迅速走红，贴上“励志”的标签后，一度“一橙难求”，获得巨大的成功。

褚橙成功有两大原因：一是产品好，十年磨一剑做出来的褚橙，创造出了独特的产品价值；二是有褚时健 IP 的加持。两者结合铸就了褚橙的成功基因。

IP 是赋能，但不是万能

很多企业在推广产品时通过购买知名 IP 为产品“代言”，为产品提供加持。虽然 IP 能够赋能产品，但拥有 IP 并不意味着产品一定畅销。IP 不是万能的。

例如，伊利、蒙牛、光明、可口可乐、百事可乐、奥利奥、青岛啤酒、马大姐等知名品牌在购买电影或动漫 IP 之后，更多是利用 IP 的短暂影响力，推出限量版产品，促进产品的阶段性销售。知名品牌不缺少品牌力，借势 IP 只是为了丰富产品线。

很多中小型企业在获得知名动漫 IP 之后，仅将 IP 形象印在包装上，便期待产品销量激增。这是一种天真的想法，虽然 IP 能带来一定的助力，但在当今竞争激烈的市场环境中，仅靠 IP，消费者未必会买账。

热门 IP 的生命周期有限，企业必须抓住时间节点，利用其热度带动产品销售。同样，每个 IP 都有特定的目标人群，企业在购买 IP 授权时，要做到"量体裁衣"，避免盲目跟风。

《小猪佩奇》一度非常火爆，很多孩子是佩奇的"忠粉"。因此，很多企业纷纷购买 IP 授权，用于产品包装。这是一种很正常的思维，可以说是借船出海。可在实际操作中，很多问题逐渐显露，例如，《小猪佩奇》只是一个动漫形象，企业在使用该 IP 时，企业品牌并没有得到较高的曝光率，更没有给品牌带来收益，只是短暂起到了产品促销的作用。

很多企业购买知名电影 IP 的海报用于产品包装或终端推广，希望借电影的热度，为产品销售赋能。这种方式虽能在短期内引起消费者关注，顺带拉动产品销售，可是如果没有渠道的渗透和终端的重点推广促销，这种使用仅是一个画面而已。

IP 在短时间内能助力销售，但其并非万能的。

4

第四节

IP 时代来临

我们生活在一个万物互联的时代，每个人都有成为知名 IP 的可能性。

从草根农民歌手“大衣哥”朱之文、坚持 15 年 3 元一碗价格不变的“拉面哥”程运付，到东方美食生活家李子柒，这些现象级 IP 的涌现印证了这种可能性。

城市 IP 的打造更具启示性，如哈尔滨冰雪大世界、西安大唐不夜城等借助互联网的传播力量，实现了城市品牌的全国认知。

无论身份、地位，成为具有广泛影响力的 IP 正变得相对容易。

IP 时代来临，企业如何做

企业购买成熟的影视、动漫、名人 IP 可能会起到短期作用，但从长期来看，企业应塑造自己的品牌 IP，遵循产品即传播的理念，打造设计优良的产品。从内容物到外包装都要有独特的卖点，这就是笔者提出的“三独法则”。

1. 独特的产品内容物

创造与众不同的产品，给消费者留下深刻印象，这种产品具备成为 IP 的基础。老干妈的包装虽然简约，但仍深受消费者喜爱。因为老干妈的产品有独特的口味，消费者吃起来非常过瘾。这种出色的产品内容物，正是老干妈 IP 的核心基础。

椰树椰汁几十年坚持独特的口味和品质，虽然其包装风格未曾改变，但正是这种稳定的产品内容物使其在市场中独树一帜，实现了销量的增长。

2. 独特的产品名称

好名字是塑造 IP 的灵魂。

小米手机及其众多产品凭借高性价比和独特的品牌名称成为市场热门产品。小米这个品牌名称通俗易懂、接地气，便于传播。苹果手机也是如此，大家都熟知苹果，其品牌标识——在苹果的边沿有一处被咬的缺口，更让人容易记住，并产生更大的话题性和联想空间。

天猫商城（Tmall）的品牌名称和品牌标识设计也是经典案例。天猫既是其英文名的谐音，又让人联想到一种活泼的小动物。天猫的品牌标识也多次被网友恶搞、调侃，这实际上是对天猫品牌的再次传播。

3. 独特的产品包装

产品包装要有特色，才能让消费者容易记住。

百岁山的成功，离不开其极具辨识度的瓶型设计。很多消费者认为其不仅美观大方，还显得有档次，甚至有人认为购买百岁山，包装也是重要吸引力之一。

2004 年，景田实业进入矿泉水领域，“水中贵族”百岁山自此诞生。

百岁山天然矿泉水源自群山地下百余米深的岩石裂隙，水质纯净且独特。百岁山创新了矿泉水的包装设计，瓶身环绕凹槽，象征岩层裂隙，寓意矿泉水在岩石裂隙中流动。除此之外，百岁山打破传统饮料瓶一贯的斜肩款，改成平肩瓶设计，其流线型设计极具现代感。

百岁山包装设计既符合“水中贵族”的定位，又成功区分了竞品。该设计还荣获了“中国国际饮料节包装设计金奖”。

企业开发产品时，应遵循独特的产品内容物、独特的产品名称、独特的产品包装“三独”原则，为打造超级 IP 打下良好的基础。

IP 时代来临，拥抱消费者

在营销领域，我们见证了从“人找货”到“货找人”，再到如今消费者主动寻找心仪产品的演变过程。无论市场如何变化，最终还是要回归消费者。

互联网普及后，越来越多的产品迅速走红，成为爆款。天猫、京东、抖音、拼多多等平台为企业提供了销售渠道，加速了消费者对产品认知的过程。因此，作为企业，一旦产品成为品类中的 IP 产品，就必须注重与消费者的沟通和服务工作。

为了满足消费者需求，产品也要不断升级。

例如，安慕希在十年内能够做到销售额突破 200 亿元，靠的是产品在包装形式、产品口味、代言人等方面不断升级，精准把握战略节奏，满足了消费者不断变化的需求。

这充分说明，好产品是对消费者的最好回报，这是最基本的商业逻辑。塑造一个优质的产品 IP 不容易，企业绝不能在产品质量上偷工减料，否则不仅会失去消费者的信任，还会因小失大，损害品牌声誉。

另外，企业要与消费者保持互动，做好服务。

很多一线大品牌通过市场营销保持与消费者的互动，包括通过举办促销活动、奖励消费者等方式，最终目的是让消费者感受到品牌对他们的关心与重视。

总之，企业既要利用好成熟的 IP 为自身赋能，又要打造属于自己的 IP，创造专属自己的品牌价值。

8 CHAPTER 8

第八章 学习借力借势

有句话说："榜样的力量是无穷的。"意思是通过找到一个成功的榜样去学习，有助于我们成长。其实，榜样也是内心的一种力量，这属于"借力学习"。太极中经常会说"柔中带刚，借力打力"，讲的也是借用外在的力量，顺势而为，从而达到以巧取胜的效果。

在企业的发展中，学会借力营销，往往会让企业事半功倍，实现快速发展。蒙牛之所以发展得如此迅速，一个重要的原因是借力当年的"神五"（神舟五号）和"超级女声"等热门话题；伊利也是如此，通过借力北京奥运会、上海世博会、伦敦奥运会等大型活动，走上了体育营销的路线；青花郎酱香酒借助茅台的品牌影响力，将自身定位为"两大酱香白酒之一"，提升了自己的品牌地位。这些企业都成功抓住了热点话题的机会，通过借力营销，实现了品牌影响力的提升。

借力营销有三个借力方向：一是借社会事件之力，如政治、经济、体育、文化等领域的重大事件；二是借知名人物之力，如娱乐明星、体育明星、科学家、历史名人等；三是借力有影响力的形象符号，如著名画作等。

一次成功的借势营销公关活动，其效果往往胜过传统广告。

1

第一节

借势头部产品，抬高自己

一个新的品牌要想快速成长，尤其是打响品牌知名度，最好的办法是借助头部产品的地位，扩大自己的影响力。

我们都知道“狐假虎威”的故事，狐狸借助老虎的威风，显摆自己的地位。虽然故事本身带有贬义色彩，但在市场营销中，合理运用借势策略却能有效提升品牌影响力。

蒙牛借势伊利

蒙牛成立初期，企业整体实力较弱，但没有影响其创始人牛根生的远大目标。牛根生要求蒙牛在产品包装盒上印上“为民族工业争气，向伊利学习”的口号，蒙牛的广告牌也写着“做内蒙古第二品牌”。

蒙牛对标伊利，在广告宣传中借势伊利来提高自己的影响力，既展现了谦虚的姿态，又传递了远大的目标，非常巧妙。

蒙牛的做法恰到好处地运用了营销学上的“比附效应”。事实上，对于初创企业来说，要生存无非两条路：一是造势，二是借势。造势需要花费大量的人力、财力、物力，而做好借势可以达到四两拨千斤的作用。在市场竞争中，初创企业通过借势同品类热销产品，顺势而为，往往更容易获得收益。

在品牌推广传播上，主动借势行业头部产品，会让消费者产生一种熟悉感——仿佛品牌早已存在，或者是对品牌产生一种自然的亲近感。如今，越来越多的品牌跨界做联名产品——两个分属不同行业的品牌联名推出一款产品，实际上不在乎具体销售多少，更多的是相互借力，实现"1+1 > 2"的效果。

青花郎借势茅台，打造中国酱香酒第二品牌

茅台作为中国酱香白酒第一品牌，销售额过千亿元。中国的酱香白酒品牌纷纷借势，争当中国酱香白酒第二品牌。

郎酒作为中国白酒知名品牌，进入酱香白酒品类，特别推出青花郎酒，与此前的浓香红花郎形成视觉符号差异。之后，青花郎运用借势营销，打出"青花郎，中国两大酱香白酒之一"的口号。大家都心知肚明，茅台是酱香白酒第一品牌，青花郎要争做酱香白酒第二品牌。

这一定位在青花郎品牌推广初期算是成功的，让消费者记住了青花郎"中国两大酱香白酒之一"的定位。后期，虽然改为"赤水河左岸，庄园酱酒"，但单纯从品牌传播层面看，青花郎做到了借势头部产品地位抬高自己。

农夫山泉借势娃哈哈、康师傅、怡宝，成为饮用水第一品牌

在中国饮用水行业，娃哈哈是第一个做小包装饮用水的品牌，其纯净水一度成为畅销品。

娃哈哈纯净水培养了国人饮用小包装水的习惯，康师傅、怡宝随后推出同类产品，实现了品牌和销量的双丰收，成为中国饮用水行业的知名品牌。

农夫山泉瞄准饮用水市场，推出饮用天然水，强调其健康、天然的特点，并通过广告轰炸、终端对比实验 pH 值的方式，直接挑战行业老大品牌，迅速提升了农夫山泉的品牌影响力和消费者认可度。经过多年努力，农夫山泉最终确立了中国饮用水市场的领军地位。

借势头部的资本有哪些

凡是敢于挑战头部地位或向头部学习的品牌，通常都具有一定的实力，并通过一系列市场动作来实现品牌目标，而非仅停留在口号层面。借势头部，需要有资本才能真正实现做头部的梦想。从市场营销的角度，有以下三大关键资本。

1. 产品资本

在营销组合 4P 中，产品排在第一位。好的产品是成功的关键，产品是品牌的生命力。

无论是借势头部还是挑战头部，首先产品要够“硬”。农夫山泉没有做纯净水，而是选择天然水，与娃哈哈、康师傅、怡宝等进行区分。许多消费者认为天然水和纯净水没有好坏之分，农夫山泉恰好抓住了这一点，大力宣传天然水优于纯净水，最终战胜了此前的饮用水行业老大。

农夫山泉首先是做到了在产品力上有自信，有健康资本，才敢于挑战老大。

百事可乐挑战可口可乐时，曾做过产品口味的盲评，结果显示消费者认为百事可乐比可口可乐好喝，这让百事可乐更有自信挑战可口可乐。倘若百事可乐的口感不佳，即便拥有出色的广告和营销活动支持，最终也难以占据一定的市场份额。

2. 营销资本

营销是系统工程，不仅包括广告、文案、促销活动，还涵盖更多综合实力。蒙牛借势伊利，从争做“内蒙古第二品牌”开始，在接下来的一系列营销推广中，蒙牛环环相扣，最终实现了火箭般速度的成长，成为中国乳品的领导品牌。青花郎酒如果没有营销资本，即使打出“中国两大酱香白酒之一”的口号，消费者也不会对其有更多的认知。

3. 战略资本

战略是营销的第一步，只有战略方向正确，才会有战术上的成功。

战略资本意味着正确的战略定位，这要求企业管理者具备决断力和远见。如果战略方向错误，再多的努力也将付诸东流。

农夫山泉借势娃哈哈的品牌影响力，目的就是争做中国饮用水第一品牌。为此，农夫山泉通过差异化定位和创新的营销策略，与娃哈哈、康师傅等品牌展开激烈竞争。经过多年努力，农夫山泉成功占据了中国饮用水市场的领先地位，其创始人钟睒睒因此一度成为中国首富。

纵观农夫山泉的发展之路，其战略资本非常强大——战略规划清晰，营销打法步步为赢。用八个字总结：运筹帷幄，掌控之中。

借助行业头部的影响力，提升品牌的市场定位，除了上述三大资本，企业内部的生产和管理也必须同步提升。企业内部是确保产品生产和运营顺畅的重要支持。

很多企业失败，不是企业外部营销做得不好，而是企业内部出现了产品生产质量或销售团队管理不当等问题，导致整个企业陷入困境，走向失败。

借势头部营销的想法很简单，复杂的是持续的营销战斗力。

2 第二节 借力事件，事半功倍

我们常说的“借船出海”“背靠大树好乘凉”“站在巨人肩膀上”等，都是在表达一个道理——借助外部力量，发展自己、成就自己。

通过巧妙运用借力打力的策略，实施与之相匹配的营销活动，可以实现事半功倍的效果。

成功的借力营销事件需要确保三方面的匹配度：一是产品匹配度；二是投入匹配度；三是市场匹配度。

“神五”成功发射，蒙牛进行一系列航天推广活动

神舟五号载人飞船，简称“神五”，是中国第一艘载人飞船。它的成功发射与返回标志着中国成为世界上第三个独立掌握载人航天技术的国家，是中国航天事业在21世纪的一座新里程碑。

“神五”搭载航天员杨利伟于北京时间2003年10月15日9时整在酒泉卫星发射中心发射，在轨运行14圈，历时21小时23分，于2003年10月16日6时23分降落在内蒙古四子王旗着陆场。

蒙牛借助“神五”的成功发射，进行了一系列航天推广活动，让蒙牛品牌实现了质的飞跃，成为名副其实的中国乳业一线品牌。蒙牛当时的广告语“举起你的右手，为中国喝彩”成为一个超级视觉符号，广泛出现在户外广告、终端陈列及网站广告中，有效传递了蒙牛牛奶等同于航天品质的信息，从而提升了消费者对蒙牛品牌的认知。

汶川地震，王老吉捐款 1 亿元

2008 年 5 月 12 日，四川汶川发生 8 级地震，王老吉凉茶捐款 1 亿元，获得了广大消费者的赞誉。王老吉捐款后，一则“封杀”王老吉的帖子在网上热传，在许多网站都能看见类似“让王老吉从中国的货架上消失！封杀他！”的言论。

作为一家民营企业，王老吉在尚未跻身一线品牌之列时，并未引起广泛关注。然而，汶川地震后的捐款行为，使王老吉的知名度和美誉度迅速攀升，短时间内实现了品牌的飞跃式发展。

有网友称，“王老吉，你够狠！”“为了‘整治’这个嚣张的企业，买光超市的王老吉！上一罐买一罐！”

北京奥运会，伊利迈向新高度

2008 年北京奥运会，不仅是中国对外展示中国形象的一次绝佳机会，也是中国企业对外传播的一次好机遇。

伊利自 2005 年成为北京奥运会赞助商后，在中央电视台的招标段进行大量广告投放。在中央电视台奥运资源第二批招标会上，伊利集团又以 2008 万元的价格拿下了奥运会开幕式、闭幕式贴片的第一位置，即紧挨奥运会开幕式、闭幕式的 4 条 15 秒广告，约合 33.5 万元 / 秒。

北京奥运会是伊利走向全球的一个起点。它为伊利未来的发展搭建了一个全球化的巨型营销平台。伊利围绕北京奥运会营销进行了大规模的资源整合，并对企业管理流程进行全面提升。

北京奥运会营销是伊利走向全球乳业第一阵营的敲门砖，也加速了伊利成为世界乳品 20 强的进程。如今，伊利已经位居世界乳业前 10 名，真正成为中国乳业的领军品牌，进入世界乳业的第一阵营。

从企业战略看，伊利借势北京奥运会提高了品牌势能，整合了全方位资源，实现了跨越式发展。

河南暴雨，鸿星尔克捐款 5000 万元物资，实现企业逆转

2021 年 7 月 20 日，河南郑州遭遇了千年一遇的特大暴雨，河南多地也遭受了严重的洪水灾害。7 月 21 日，鸿星尔克宣布向河南捐赠价值 5000 万元的救灾物资，主要包括水、食品等急需用品。在同胞遭受巨大灾难的危急时刻，鸿星尔克展现出大爱无疆的担当。

有网友爆料，鸿星尔克当时正处于亏损状态，却毅然捐款 5000 万元物资，这一举动深深打动了大众。作为国内知名运动服装品牌，鸿星尔克在国内国际众多品牌的激烈竞争中生存压力巨大。

鸿星尔克捐赠事件迅速成为热门话题，瞬间登上各大社交平台热搜榜。据数据显示，在捐款后的短短 2 天内，鸿星尔克直播间商品销售额近亿元，订单数突破 60 万。同时，其淘宝等电商平台的搜索量暴涨 150%，成交额翻了约 10 倍。

此事发酵后，围绕鸿星尔克的各类事件和话题也接踵而来。众多“网红”纷纷借势营销，有人为其充值百年会员，还有人购买 500 元的衣服、鞋，却扔下 1000 元转身就走。这一系列事件在一定程度上提升了鸿星尔克的品牌知名度的美誉度，为其品牌的发展带来了积极影响。

鸿星尔克总裁吴荣照在直播间呼吁网友理性消费，不要盲目神化鸿星尔克，希望大家更多地关注一线救灾人员，并恳请消费者避免对同行造成困扰。这种低调务实的态度进一步赢得了广大网民的好感，促使大家纷纷购买鸿星尔克的产品，使其品牌和销售实现双赢。

从鸿星尔克的捐赠事件可以看出，无论是否为提前策划，其结果都为品牌带来了巨大的赋能。它不仅一夜之间显著提升了品牌知名度和美誉度，更让鸿星尔克在公众心中树立了温暖而有担当的形象。

瑞幸咖啡借势椰树，实现一年超过 1 亿杯生椰拿铁的销量

作为国内新锐咖啡品牌，瑞幸凭借高性价比的产品和创新的营销策略，迅速跻身国内咖啡市场的前列，成为备受消费者喜爱的品牌之一。

瑞幸咖啡能够保持持续增长，关键在于其对产品创新的执着追求。2021 年，瑞幸与国内知名椰汁品牌椰树合作，推出“生椰拿铁”，凭借独特的口感和创新的营销策略，迅速火爆全国。这一联名合作不仅实现了“1+1 ＞ 2”的效果，更让双方品牌在市场中相互赋能。

椰树作为国民椰汁品牌，34 年来从未和其他企业有过联名合作，而瑞幸则凭借对市场的敏锐洞察，成功将其与咖啡结合。此次合作不仅在产品方面有创新，还通过独特的包装设计和社交媒体互动，引发了广泛讨论和消费者共鸣。此次联名不仅为消费者带来了全新的产品体验，更通过“土潮”设计和趣味互动，进一步巩固了瑞幸在年轻消费群体中的影响力。

茅台与瑞幸咖啡联手，实现与“Z 世代”的品牌沟通

茅台作为中国顶级白酒品牌，一直以来都是中高端消费群体的首选，其高价位和稀缺性对年轻消费者群体形成了一定的消费门槛。然而，茅台

深知未来市场的潜力在于年青一代，因此致力于通过创新微略让年轻人接触并认知品牌。2023 年 9 月，茅台与瑞幸联合推出的“酱香拿铁”，正是这一战略布局的体现。

2023 年 9 月 4 日，由瑞幸与茅台合作推出的“酱香拿铁”正式上市，这款融合了咖啡与白酒风味的产品迅速引发了市场热潮。首日销量突破 542 万杯，销售额超过 1 亿元，刷新了瑞幸单品销售记录。这一成功不仅体现了茅台的品牌影响力，也展现了瑞幸在年轻消费群体中的强大号召力。

“酱香拿铁”的成功是借势营销的经典案例。第一，茅台与瑞幸的合作实现了“1+1 ＞ 2”的效果。茅台通过与瑞幸的合作，成功将品牌故事传递给年轻消费者，而瑞幸则借助茅台的品牌影响力，进一步提升了自身的市场地位。第二，借势营销的核心在于“会借”，即通过传播正能量、制造话题热度，将双方的品牌势能有机结合，实现协同增值。

此外，瑞幸与茅台的合作并非简单的“蹭流量”，而是通过整合营销实现了双赢。从产品设计、品牌宣传、社交媒体互动到线下门店推广，双方在多个层面形成了闭环。例如，瑞幸通过抖音直播预热、限时优惠等方式，成功吸引了大量消费者关注和购买。这种全方位的营销策略不仅提升了产品销量，更增强了双方品牌在市场中的影响力。

总之，茅台与瑞幸的联名合作，不仅为消费者带来了一款创新产品，更为品牌跨界合作提供了新的思路。通过精准的市场定位和创新的营销策略，双方成功实现了品牌赋能和市场双赢。

3 第三节 借力公共资源，为己所用

公共资源是指那些具有非排他性和非竞争性的资源，通常由政府或公共机构管理，用于满足社会公共需求。包括自然资源类资源、基础设施类资源、公共服务类资源、文化与环境类资源等类别。

在营销策划和推广中，企业要学会借力公共资源，为产品和品牌赋能。

乌江榨菜，借力中国剪纸文化、国粹京剧文化

乌江榨菜作为中国榨菜行业的领军品牌，其包装设计融合了中国传统文化元素，尤其是京剧脸谱和剪纸艺术，成功塑造了独特的品牌形象。京剧脸谱作为中国国粹文化的象征，具有极高的辨识度和文化内涵，而剪纸艺术则展现了中国传统手工艺的美感。

乌江榨菜选择京剧脸谱作为包装元素，是因为其品牌定位为“中国好味道”，而京剧脸谱作为中国文化的重要符号，能够代表中国文化的精髓，传递出乌江榨菜作为“正宗榨菜”的品牌价值理念。京剧脸谱不仅是中国

文化的象征，也是广为人知的文化遗产，属于公共资源，能够迅速与消费者建立情感共鸣。

此外，乌江榨菜的包装设计还采用了中国传统剪纸艺术的表现形式。这种设计不需要额外的教育引导，能让中国消费者在看到包装时产生熟悉感和亲切感。通过将京剧脸谱与剪纸艺术相结合，乌江榨菜巧妙地利用了这两项公共资源，成功传达了“中国好味道”的品牌理念。

乌江榨菜的脸谱包装在终端陈列中极为醒目，与同类竞品相比，形成了独特的视觉符号，成为品牌的一大亮点。这种设计不仅提升了品牌的辨识度，还为乌江榨菜塑造了个性化的品牌形象。

乌江榨菜的品牌策划和包装设计为其他品牌提供了重要启示：包装设计不仅可以基于产品本身，还可以从品牌的文化定位出发，通过创意融合文化元素，打造出具有影响力的视觉符号。

张飞牛肉借用京剧脸谱，塑造品牌超级符号

张飞牛肉产于四川省阆中市，是具有浓厚四川风味的特产。其表面为墨黑色，切开后肉质紧密，不干、不燥、不软、不硬，食之咸淡适中。

张飞牛肉的历史可以追溯到清代乾隆年间，当时已远近驰名。

张飞牛肉得名于其独特的外观特征——“表面墨黑，内心红亮”，这与历史上的猛将张飞“面皮墨黑，一颗红心向蜀汉”的形象极为相似，因此得名。此外，张飞牛肉的制作工艺深受当地少数民族传统腌制方法的影响。其表面涂抹锅烟灰用于防腐，内部则保持鲜嫩多汁。

如今，张飞牛肉不仅注册了“张飞”品牌，还将其包装设计为京剧张飞脸谱形象。京剧脸谱是作为中国传统文化的重要符号，张飞的京剧形象早已深入人心。凭借张飞的名字和形象作为品牌符号，张飞牛肉成功实现了品牌与品类的深度绑定。

借力公共资源的三大原则

公共资源的使用一般遵循三大原则：熟知资源、巧妙应用、效果震撼。

1. 熟知资源

利用消费者熟知的资源，能够有效降低传播成本，快速实现品牌与产品结合，实现事半功倍的效果。如果消费者对品牌借力的资源不熟悉，则很难引发其共鸣，也就无法达到借势的目的。

2. 巧妙应用

中国的公共文化资源丰富多样，包括历史人物、历史建筑、文学作品、传统节日、传统服装等。在使用这些资源时，必须尊重其文化内涵，避免亵渎或滥用，更不能违反相关法律法规。巧妙应用关键在于公共资源与品牌定位的高度契合，让消费者感受到“同频共振”，而不是生硬地套用。

3. 效果震撼

2022 年北京冬奥会的吉祥物“冰墩墩”一度非常火爆，成为极具影响力的文化 IP 之一。冰墩墩将国宝熊猫与冰晶外壳相结合，形象憨厚可爱，富有科技感，让人过目不忘。

冰墩墩为什么这么火？第一，熊猫作为中国国宝，深受人们喜爱。第二，冰墩墩的设计巧妙地将熊猫与冰雪运动、现代科技相结合，实现了传统与现代的完美融合。

公共资源的使用追求的正是这种震撼效果。震撼性体现在选择的元素要被消费者熟知，结合方式要巧妙，最终的视觉呈现要震撼。

例如，2024 年成都糖酒会上，猩猩暴走电解质水通过黑色大猩猩形象的举牌招商，30 人同时举起大猩猩道具，吸引了众多参展商的注意。这种独特的展示方式吸引了大量观众拍照，起到了良好的宣传效果。

4

第四节

借力名人势能，一鸣惊人

品牌代言借力名人

借力名人代言是许多品牌常用的营销方式。通过聘请名人作为代言人，品牌能够快速提升知名度和美誉度。名人作为一种社会资源，无论是影视明星、歌唱家还是体育明星等，其核心价值在于知名度。品牌通过借助名人的影响力，为企业的发展提供助力。

名人代言的成功并非仅靠资金投入，还需要品牌与代言人在形象、价值观和市场定位上的高度契合。以特仑苏为例，2009 年，特仑苏聘请钢琴家郎朗作为品牌代言人，以“金牌品质”的理念区别于众多竞品。郎朗作为古典音乐领域的佼佼者，其个人形象与特仑苏“高品质生活”的品牌定位高度契合，成功塑造了特仑苏的高端形象。

伊利的金典牛奶则聘请了“天后”王菲作为代言人，传递金典牛奶“有机高品质”的品牌概念。王菲的影响力和形象与金典的品牌调性完美融合，进一步提升了品牌的知名度和美誉度。

飞鹤奶粉的案例同样具有代表性。2018 年，飞鹤奶粉聘请国际影星章子怡为品牌代言人，并推出“更适合中国宝宝体质”的品牌定位和高端产品“星飞帆”。通过大规模的广告宣传，飞鹤奶粉实现了销量的飞速增长，年销售额突破 100 亿元。

飞鹤奶粉的成功离不开章子怡的代言。章子怡作为国际知名影星，其专业形象与飞鹤奶粉的品牌定位高度契合。飞鹤奶粉通过洞察国内市场的消费需求，结合明星代言和精准的品牌定位，成功从区域品牌成长为国产奶粉领军品牌。

综上所述，成功的名人代言不仅在于名人的知名度，更在于品牌与代言人之间的高度契合以及精准的市场定位。特仑苏、金典牛奶和飞鹤奶粉的成功案例表明，通过借力名人势能，品牌能够实现社会价值与商业价值的双赢。

代言人不是神，口碑爆裂易伤人

企业聘请名人代言后，必须时刻保持危机意识，提前做好危机公关准备。明星作为公众人物，一旦曝出负面事件，其形象可能会一落千丈，进而给企业和品牌的声誉带来严重损害。

借力名人代言的好处不言而喻，但要让名人的势能发挥到极致，需要做好以下几方面的工作。

1. 代言人人设与品牌形象一致

产品的质量、定位和形象必须与代言人的公众形象高度契合。聘请名人代言并非仅仅依靠其知名度，而是要确保“门当户对”。这种契合不仅体现在品牌知名度、核心市场区域、目标人群和战略规划上，更要从消费者需求出发，避免盲目跟风。

2. 签约代言人只是第一步

无论是平面还是影视代言，企业都需要投入大量资源进行推广传播。否则，代言人的作用可能仅停留在一张照片上，难以发挥实际效果。

3. 保持对代言人负面新闻的高度警觉

在信息传播迅速的当下，代言人的负面事件可能随时爆发，企业必须随时准备应对。正如古人所说："水能载舟，亦能覆舟。"

以赤水河酒为例。赤水河酒曾以每年约 2000 万元的代言费聘请著名足球运动员梅西作为品牌代言人。然而，2024 年 2 月，梅西因在香港友谊赛中未登场引发争议，随后又因不当言论引发舆论风波。这不仅引起了球迷的不满，也让赤水河酒面临巨大压力。赤水河酒在事件发酵后迅速在电商平台下架了相关产品，其官方微博也删除了相关内容。

事实上，赤水河酒聘请梅西作为代言人并不合适。作为中国传统白酒品牌，其品牌和产品形象与梅西的足球明星形象并无关联，且品牌营销过于依赖梅西的流量。这种"蹭流量"的行为并未从消费者需求出发，最终导致品牌声誉受损。

名人代言是一种营销手段，企业必须学会如何借力、如何规避风险，避免花冤枉钱、走弯路。在借力名人代言的道路上，企业应稳健前行，确保"门当户对"，同时做好危机预案，时刻保持危机意识。

9

CHAPTER 9

第九章 提高附加值

附加值指产品在基础功能外额外创造的价值。例如，产品附加值、品牌附加值等通常是在与同类竞品的对比中体现出来的。

企业应如何提高产品附加值？传统营销观念中，企业通过改善原料、技术、工艺和品质来提升产品竞争力，进而提高附加值。现代营销观念则认为，除了优质的产品，更重要的是赋予产品独特的核心价值。这种核心价值可以从产品卖点、文化、功能和形象等方面开发，通过与竞品区分开来，构建独特的价值体系。

品牌附加值的形成需要长期塑造与积累，不是一蹴而就的。同样的产品，因不同品牌而价格不同，其差距就在于品牌附加值。例如，耐克的衣服因带有“对勾”品牌标识而产生溢价，这是品牌附加值的体现。这种附加值是通过长期的品牌营销和消费者认知积累形成的。

1 第一节 提高附加值首先要找到独特的利益点

为什么海底捞会排队就餐？

为什么茅台一瓶难求？

为什么星巴克价格高却依然受欢迎？

为什么小米 SU7 比比亚迪贵？

这些产品的共同点是价格高，但仍然卖得好，原因在于它们的产品附加值高。产品附加值的形成需要通过创新和积累，企业需挖掘独特的利益点，并通过传播持续放大其价值。

品质利益是一切的基础

品质是产品的基础，提高产品附加值首先要从提升品质入手。只有产品品质超越竞品，才能为消费者提供更优质的选择。例如，好佳一“畅跑”谷物酸奶，凭借 100% 生牛乳发酵的高品质，获得了高附加值。

君乐宝的悦鲜活鲜牛奶，上市两年实现销售额超过 20 亿元，其成功的关键在于产品采用世界一流的巴氏杀菌技术。100 多年前，牛奶采用巴氏杀菌技术杀菌，需要 10 ~15 秒。现在，君乐宝采用 INF0.09 秒超瞬时杀菌技术，杀菌时间极大缩短。INF 杀菌技术，即“蒸汽浸入式杀菌技术”，是让牛奶以自然滴落的方式，匀速通过一个真空蒸汽空间，实现升温，再以高压穿过温度达到杀菌温度的管道，通过蒸汽与牛奶进行快速热交换，完成牛奶的杀菌，使牛奶符合安全饮用标准，然后急速冷却，蒸发掉多余的水分。形象地说，就像给牛奶洗了一个蒸汽浴。

通过君乐宝的悦鲜活产品可以看出，产品附加值并不是单纯的概念叙述，而是通过技术创新和产品创新实现的，其创新为产品附加值奠定了核心基础。

因此，在寻找提高产品附加值方法的过程中，产品的品质是第一位的，只有找到了产品的品质竞争优势，才可以塑造产品的高附加值。

包装利益是附加值的外衣

包装是体现产品价值的重要部分。桃子经过精心包装后，可以成为高端礼品，产品附加值也随之提升。例如，寿桃采用现代农业技术种植，并通过专车运输到饭店，不仅保留了其优良品质，还赋予其情感价值，附加值远高于普通桃子。

酒水、食品、首饰、工艺品等，都会在产品的包装形象上进行创新，其目的就是提高产品的审美价值，从而提高产品价格，塑造产品的高附加值。

文化利益可以提升附加值

文化附加值是旅游纪念品的核心竞争力。

近几年，文博会通过推广地方民俗文化产品，让民俗文化产品走向市场，成为有附加值的商品。例如，茅台酒不仅因酒质优良而闻名，其红色文化背景和历史故事也为其增添了高附加值。西凤酒、泸州老窖、剑南春、汾酒、古井贡酒等，也都是通过历史文化故事进行营销，让消费者感受到名酒文化的底蕴。

如今，国潮产品非常流行，国潮元素被应用到不同领域。元素应用的目的是让产品符合市场需求，通过文化提高产品的附加值。

名人效应带来产品附加值的提升

名人效应可以显著提升产品的附加值。例如，《战国策·燕策二》中的“伯乐一顾”故事，展示了名人效应如何让产品价值倍增。而企业聘请名人代言，看中的正是名人效应带来的价值提升，从而拉动销售。

服务利益是附加值的通关密码

服务已成为现代竞争的重要部分。例如，度假村免费提供的泳池、沙滩、接送等服务，让消费者感受到超值体验。海底捞的“消磨时间服务”成就了其品牌。消费者也经常说：“我买的是服务。”

据统计，服务做得好的企业，其销售和利润往往远高于竞争对手。

电信、银行、旅游、汽车、医疗等行业，都应重视服务带来的附加值。服务创新能延伸品牌价值边界。只有服务价值提高了，消费者才会感受到品牌带给他们的附加值，从而让产品本身的价值不再是唯一的评判标准。

名称利益实现附加值的提升

产品包装与名称创新是提升产品附加值的有效路径。例如，普通水果罐头改名为“鲜果捞”，价格也随之提高。创意菜名如“蚂蚁上树”“母子相会”等，通过有趣的名称吸引消费者，提高了产品的购买率。

活性乳酸菌饮料名称如“养乐多、饮乐多、优益 C、每日活菌”等，直接表达了产品功效，让消费者一目了然地了解产品特点。

好的产品名称应具备明确的产品属性，既可以是功效属性、人群属性，也可以是技术属性等。无论是哪种属性，都要基于产品价值的清晰表达。

在竞争日益激烈的市场环境中，要提升产品的竞争力和附加值，产品名称必须简洁、有效，易于理解和传播。这样的名称可以让产品“自己说话”，吸引消费者，自然提升销量。

2

第二节

创新与改变是提高附加值的内核

附加值的关键在于产品的创新，这种创新是企业创造出来的，而非消费者自行发现的。创新是创造附加值的必要条件之一,一旦实现突破性创新，产品和品牌将得到全面提升。

例如，光明莫斯利安通过技术创新，将酸奶的保质期延长至常温 3 个月以上，改变了中国酸奶市场的发展格局。新能源汽车通过动力系统的创新，降低了行驶成本，提升了产品价值。

创新需要颠覆性思维。附加值是产品相对于竞品的额外价值，包括品牌的信赖价值、文化的吸引价值、情感的满足价值等。例如，鲜花通过差异化包装或附加的巧克力、手工折纸等礼品，其附加值可以得到显著提升。

包装的附加值

包装的附加值体现在创意设计上，通过改变包装形状及创新图案设计来提升产品价值。

例如，柠季柠檬茶采用了柠檬形状的杯盖设计，这不仅提升了产品附加值，还通过社交媒体的传播，极大增强了品牌影响力。梦之蓝的高端包装设计，以其精致的工艺和优雅的外观，充分体现了产品的高附加值，甚至让消费者在使用后仍不舍丢弃。青岛白啤的包装设计也堪称典范。其聘请国内知名设计公司，采用了插画的形式表达啤酒历史文化，凸显了青岛白啤的品质感。

品牌故事的附加值

品牌故事能够为产品赋予情感价值，从而增加附加值。

例如，在 2024 年 3 月 28 日的小米汽车发布会上，小米创下 27 分钟卖出 50000 台汽车的纪录。小米汽车的快速销售不仅因为产品本身的吸引力，还因为雷军的创业故事打动了消费者。雷军作为一名企业家是成功的，大家认可的不仅是小米极致性价比的产品，更折服于雷军不畏困难的创业精神，以及他带领企业一步步前进的奋斗轨迹。小米的品牌故事就是雷军的故事，它激励着许多人，成为他们学习的榜样。

同样，霸王茶姬作为近年来非常火爆的奶茶品牌，其爆款茶品“伯牙绝弦”年均销量突破 2000 万杯，深受年轻消费者的喜爱。霸王茶姬的成功，除了产品本身的高品质，采用原叶茶加鲜牛奶调配，还在于其独特的包装及品牌故事。

霸王茶姬的品牌标识以国粹京剧的形象为设计灵感，品牌定位是“东方茶”，并立志成为“东方的星巴克”。“东方星巴克”的品牌定位，加上充满东方韵味的品牌调性，无形中增加了产品价值。在整个奶茶行业中，霸王茶姬实现了较高的利润，成为行业的佼佼者。

品牌故事的附加值不是一蹴而就的，而是在品牌发展的过程中逐渐积累形成的。只有在品牌的诞生、成长和壮大过程中，持续培育文化内核，才会真正实现产品价值的升华。

喜家德水饺为什么能够出圈

在中国北方，许多城市都有喜家德水饺门店。其主打产品是虾仁水饺，卖点是大虾仁和手工包制。门店采用透明橱窗设计，消费者可以现场看到服务人员在操作间包水饺的全过程。

尽管相对其他一些品牌水饺，喜家德水饺价格偏高，但其整体店面营收表现依然不错。原因在于消费者认可喜家德的品牌价值，即使价格稍贵，也愿意选择喜家德水饺消费。

喜家德水饺的店面整体干净，卫生条件很好，透明操作间是其提高附加值的创新举措，让消费者一目了然地看到包水饺的过程，吃得放心。

企业作为引领社会进步的主要群体，有责任致力于产品的研发和创新，而不是一味地抄袭和模仿。只有通过努力进行产品创新，才能提升产品的高附加值，并形成技术或品牌壁垒。因此，创新与改变是提高产品附加值的核心动力。故步自封，不进则退；唯有创新，才能赢得未来。

3

第三节

附加值不能脱离产品本质

产品的附加价值是产品核心物质利益之外的其他价值，这种价值需符合消费者的期望和需求。

例如，如果在路边摊卖果汁，即便是几元一杯的价格，消费者也会认为不如购买新鲜水果有价值。若是将同样质量的果汁放在咖啡店售卖，价格可能会达到十几元甚至几十元一杯，消费者可能反而认为价格合理。若是将一种具有保健功能的果汁放在SPA中心销售，即使定价几十元甚至上百元，也会有人欣然接受。

这就是产品附加值的差异性体现，产品场景赋予产品价值，消费者在不同的场景中消费，内心会对产品产生不同的价值衡量。

产品附加值可体现为科技、服务、形象、情感和文化等维度，但所有附加值都必须建立在产品利益之上。没有产品利益，消费者不会轻易买单。

这种利益包含两个层面：一是产品的核心质量利益；二是产品的情感利益。无论哪种利益，都不能脱离产品本质，产品是一切附加值的核心基础。

例如，我们口渴时需要喝水，水能解渴；肚子饿了想吃泡面，泡面能充饥；天气热了想穿短袖，穿短袖凉快；炒菜需要食用油，食用油能提香；心情烦了想喝酒，酒能解忧。这些例子都体现产品本身的核心质量利益。而这些核心质量利益可以被提高，从而让产品卖得更贵，让产品更具价值。通过改变产品的品质，可以有效提高产品附加值。

昆仑山矿泉水价格较高，但仍受到一些高端人士的追捧，原因在于其源自海拔6000多米的青海省昆仑山玉珠峰，是世界稀有的小分子团水，富含锶、钾、钙、钠、镁等元素，pH值呈弱碱性，有益人体健康。此外，昆仑山矿泉水还是2010年广州亚运会官方唯一指定饮用水，并成为中国国家网球队合作伙伴。

奔驰汽车销量优异，主要得益于其有着无可比拟的质量优势。有人形容，奔驰汽车急似猛虎下山，缓似行云流水，开奔驰汽车是难得的精神享受。这种精神享受源于奔驰汽车卓越的性能。

奔驰公司对产品每个部件的制造都一丝不苟，有时甚至到了近乎苛刻的地步。人们在判断汽车的质量时，通常对外观、性能较为重视，而很少注意座位等细节。但即使在这些容易被忽视的部位，奔驰公司也极为认真。

例如，在制作皮面的座位时，奔驰公司精选牛皮。公司团队曾到世界各地进行考察，选择牛皮质量最好的地区作为牛皮供应点。在确定了供应点后，奔驰公司要求饲养过程中要防止牛出现外伤和寄生虫，保持良好的卫生状况，以保证牛皮质量不受影响。一张6平方米左右的牛皮，奔驰公司只用一半，因为肚皮太薄，颈皮太皱，腿皮太窄。后续的制作、染色等工序都有专门的技术人员负责，直到座椅制成。从座椅制作的精细程度，可以看出奔驰公司对主要部件的制造同样精益求精。

为了保证产品的高品质，奔驰公司实行严格的检查制度。即使是一颗小小的螺丝钉，在组装前也要先经过严格检查。生产中的每个组装阶段都有检查环节，由技师检查签字后，车辆才能开出生产线。许多繁重的劳动，如焊接、安装发动机和挡风玻璃，由机器人完成，确保了质量的统一。

在奔驰汽车的制造工程中，有5%～10%的汽车零件是从外部采购，其余均由奔驰分公司按严格的设计标准、原料和生产规格制造。各采购部的经理要为其负责的商品品种、规格和质量承担全部责任。奔驰公司对主要供货厂家非常了解，并要求其按消费者的要求及市场动向提供高质量的原料及零部件。因此，经理同采购人员及供货商技术管理人员保持着密切的联系。奔驰公司为了检验新产品的质量和性能，不仅配备了由计算机控制的设备，还建造了专门的试验场。公司每年都会在试验场内对新车型进行各种测试。为了进一步确保质量，奔驰公司在美国、加拿大、欧洲、亚洲等地设立了专门的质量检测中心。

因此，奔驰汽车的高品牌附加值完全建立在核心产品质量之上。没有过硬的产品，仅靠品牌无法成就高附加值。

高附加值的产品必须以产品本身为基础。那么，如何寻找产品本身的附加值？

首先，可以从产品产地入手。

产地决定品质。在当前社会和生态环境普遍受到污染的情况下，拥有优质产地的资源，就是高附加值的爆发点。

其次，可以通过产品技术的革新来实现。

普利司通、米其林、倍奈特等国际知名品牌的轮胎价格高，原因在于其产品性能极佳。通过不断研究和超越传统技术，这些品牌的产品领先于竞争对手。

最后，可以通过产品消费的升级来实现。

例如，一个普通的椰子能卖到10元左右，但如果将椰汁包装后放到饮品店里售卖，平均一个椰子大概能卖到30元左右。消费环境的不同，产品价值自然不同。

总之，产品的附加值不是虚构，而是伴随产品质量提升而升级。消费者首先感受到的是产品品质，而不是虚假宣传。

4

第四节

不要陷入附加值就是改变包装的误区

近几年，国家高度重视农村产业发展，实施乡村振兴等战略，各地涌现出很多具有地域特色的农产品品牌，如阳澄湖大闸蟹、赣南脐橙、武当道茶、南宁香蕉等。在丰收的季节，这些品牌甚至出现供不应求的现象。这些品牌之所以能够成为知名农产品品牌，关键在于产品品质过硬并形成良好的口碑，其次才是包装和推广的成功。

提起增加附加值，很多人的第一反应就是改进包装，认为“升级包装就等于提高附加值”。然而，事实并没有这么简单。提高产品附加值的关键在于产品品质，而非仅仅依赖包装。

包装设计必须与产品价值相匹配，否则会适得其反。例如，土鸡蛋礼盒如果只是靠包装提升价格而品质不佳，反而会引起消费者反感。

20 世纪 90 年代，鲁酒因“勾兑酒”事件信誉受损，至今未能完全恢复。尽管后来不断更新包装，但始终未能从根本上解决产品品质问题。汾酒曾通过更换包装提升价格，但销售不佳，原因在于消费者对产品品质的要求更高。

莱阳梨曾因品种老化和口感不佳，逐渐被秋月梨等新品超越。秋月梨凭借优良的品质和科学的种植管理，迅速成为市场上的热门产品。莱阳梨必须从改善品种和提升品质入手，才能化解市场危机。

总之，产品附加值的提升必须以产品品质为基础，通过创新和改变，才能实现真正的价值提升。

10 CHAPTER 10

第十章 回归产品力

恒大冰泉为什么销量不好？它就不缺资金，一年投入了数十亿的广告费用；也不缺渠道，招商非常成功，并实现全国铺货；更不缺明星代言。然而，恒大冰泉即便将单价从 5 元左右降至 2 元左右，仍然未能畅销。显然，问题的核心在于产品力不足。如果产品力不足，再怎么努力也是徒劳。

恒大冰泉的市场困境，首先源于产品力不足。相比之下，农夫山泉更具竞争力。

但产品力的构建，不仅依赖包装设计，更重要的是产品本身、产品名称和包装设计都要出色。如果这三个方面都做到位，就基本完成了产品力构建的第一步。

笔者提出了“三独”原则来构建超级产品力：第一，独特的产品内容物，这是成就一个伟大产品的核心基础，产品必须有独特性；第二，独特的产品名称，好名称能节省传播成本，让消费者更容易理解产品的卖点；第三，独特的产品包装，好的包装能吸引消费者尝试购买，包装本身就是广告。

1

第一节

为什么生意越来越难做

自新冠疫情暴发以来，全球经济整体陷入困境，企业普遍面临经营压力。

只需稍微留意一下周围，就会发现挂着“出租、转租”字样的商铺比比皆是。实体店铺普遍萧条，很多人将其归咎于电商。然而，如今电商也越来越难做，流量成本不断攀升，营销效果却越来越差，从业者同样叫苦不迭。

生意的确难做，但这并不意味着社会停滞不前。在同样的客观环境下，仍有不少企业及产品表现突出，如比亚迪、安踏、君乐宝乳业等。

整体来看，近几年的经济环境确实艰难，但我们不能自暴自弃，而要学会创新、突破，回归商业本质，从产品入手，满足消费者的需求。

蜜雪冰城的逆势增长之道

如今蜜雪冰城已成为家喻户晓的品牌，全国店面数量超过 4 万家，市值超 1700 亿港元，吸引了大量年轻人排队购买。

蜜雪冰城的成功，除发展时间长、营销做得好、管理完善等原因，超强的产品力是其核心竞争力。

纵观同行业品牌市场，单杯平均价格普遍在20元左右，而蜜雪冰城以不到10元的价格吸引了大量年轻粉丝。这些“蜜粉”通过在社交媒体上分享照片，进一步扩大了品牌影响力。

蜜雪冰城的产品力非常出色，主要体现在以下三个方面。

首先，蜜雪冰城非常注重产品研发。蜜雪冰城定期会推出新品，每款新品都经过严格测试，确保质量和口感过关后才会推向市场。同时，总部会及时下架市场反馈不佳的饮品，确保每一款饮品都能满足消费者需求。

其次，蜜雪冰城注重店铺的专业性。无论是直营店还是加盟店，在开业前都要经过总部的培训，确保为消费者提供标准化服务。优质的服务和整洁的环境也为其成为行业佼佼者提供了有力保障。

最后，蜜雪冰城注重品牌价值感的塑造。品牌坚持不频繁促销或打折，认为通过优惠活动提升销量不仅是对产品的不自信，更是品牌价值受损的早期信号。

生意难做的背后，往往是产品力不足。只有开发出符合消费者当下需求的好产品，才能真正打动消费者。

然而，许多企业老板仍然固守传统营销思维，忽视产品研发，导致推出的产品滞后于消费趋势。

以赵一鸣零食、好想来品牌零食、零食很忙、爱零食等量贩零食店为例，这些品牌的发展，主要得益于“好产品不贵”的理念。这些品牌改变了传统的“厂家—代理商—门店”模式，直接采用工厂直采的供应链模式，降低了中间环节的成本，让利消费者，从而以低价赢得了消费者的青睐。

互联网时代早已到来，中国老龄化进程逐步加快，而“Z世代”已经成为消费市场的主力军。在这种宏观社会环境下，企业只有洞察需求，开发符合时代的产品，才能改善经营状况。

顺应趋势、做对事情，是企业发展的关键。

2

第二节

老板要掌控好企业的“三驾马车”

老板的工作是什么？在很多培训课上，老师通常会回答：喝茶、融资、用人。

但是，有些老板不参与公司的日常经营，公司最终走向失败；有些老板则彻底做甩手掌柜，公司真的被抛弃。公司如果没有老板直接参与管理，很容易脱轨。

最稳固的形状是什么？答案是等边三角形。

企业要想稳定发展，一定要像等边三角形一样稳固，这样才能让企业不走弯路，实现稳健发展。

企业的等边三角形模型的三个顶点分别是“产品力、销售力、品牌力”。借助等边三角形模型对标企业经营状况，倘若某个方面相对薄弱，就会使三角形的形状发生变化。通过这种方式，便能精准地找到问题所在。

为了使三角形保持稳固，就应当弥补和强化相对薄弱的那一点，从而让企业保持稳定发展。

产品力、销售力、品牌力不仅构成了企业的三角形模型，还是老板的“三驾马车”，拉动企业稳健发展。透彻理解了这三力，老板就会明确战略调整的方向。然而，很多时候，老板却难以洞察这三力背后的问题。

产品力是根基，更应与时俱进

产品力包含多个方面，如产品质量、价格、包装设计、生产工艺等，这些因素都会对产品的竞争力产生影响。产品力并非单纯的质量问题。如果产品力不够强大，即使后续的营销工作做得再好，产品也难以实现长久畅销，更无法真正建立品牌影响力。

脑白金曾经持续畅销多年，一句“今年过节不收礼，收礼只收脑白金”的洗脑式广告语红遍中国，也让脑白金成为礼品市场的畅销品牌。然而，脑白金后来逐渐走下坡路，销量下滑，如今已很少见到其广告。

脑白金的衰落原因是多方面的。有人认为，创始人史玉柱卖掉脑白金是其衰落的一个转折点，进而导致后期销量下滑。但从产品力角度来看，脑白金的衰落或许早有预兆。脑白金前期的成功更多是依靠广告攻势赢得市场，而产品力本身并不够强大。

脑白金是一种保健品，不是药品，其主要成分是褪黑素。褪黑素可以起到改善睡眠的作用，但除此之外，脑白金的其他功效并不明显。脑白金并非消费者的必需品，国外对此类产品也有限制。产品功效不够显著，决定了它难以长久畅销。当消费者看清其功效有限后，产品走向衰落也就不足为奇了。

如今的手机市场中，苹果手机超越了摩托罗拉、诺基亚、爱立信、索尼、波导等老品牌，成为智能手机领域的领先品牌。这些老手机品牌在当时为什么没有及时推出智能手机，反而让苹果后来居上，畅销全球呢？

从产品力角度来看，摩托罗拉、诺基亚等品牌缺乏前瞻性，未能让产品适应市场变化。当 iPhone 4 手机问世后，这些品牌反应迟缓，甚至过度依赖自身的硬件和品牌优势。然而，消费者不会为企业的保守策略买单，纷纷转向苹果等智能手机品牌。这是典型的产品力落后的案例。在不缺乏品牌力和销售力的情况下，这些传统手机巨头未能及时调整战略，最终失去了市场。

通过复盘传统手机品牌的没落，我们可以看出，产品力必须持续创新，引领市场发展，而不是停滞不前。没有永远的产品，只有不断变化的需求。

在胶片相机时代，柯达一直称霸胶片行业，是行业领导者，后来宣告破产。柯达破产的原因主要有以下几点。

第一，柯达长期依赖传统胶片业务，对数字科技的发展反应迟缓，未能有效调整发展战略。企业对其传统优势过于自信，对未来的产品发展趋势预判不足，导致企业转型窗口期彻底消失。

第二，内部管理层意见不统一，企业未来的战略发展目标不够清晰，导致投资失败，未能形成有效技术突破。

柯达的失败与摩托罗拉、诺基亚有一定的共性：它们过于依赖传统的业务模式，对未来的科技发展判断不足，未能履行企业应有的创新责任，没有引导消费者的需求，导致最终被市场淘汰。

销售力薄弱是很多中小企业的痛点

我国中小企业数量众多，这些企业正处于生存期向发展期过渡的关键阶段。对于它们而言，更重要的是保持产品力的创新，想尽办法创新产品，走差异化路线，在市场竞争的夹缝中求生存。相比之下，大企业通常行动迟缓，组织架构复杂，开发产品需要经过众多流程，速度较慢。而中小企业的产品开发速度快，具有“船小好调头”的灵活性。

然而，尽管中小企业在产品创新方面速度快，但其销售体系建设普遍较为薄弱。这体现在销售团队的建设、销售管理制度的考核、销售渠道的拓展等方面都存在不足，导致产品推出后难以迅速铺开市场，更难以迎来大发展。

销售力的核心在于优秀的销售团队。在品牌力不足的情况下，企业必须依靠销售团队拓展市场，打造样板，将产品快速推向代理商和销售终端。无论是面向 B 端还是 C 端的渠道，销售人员都需要积极沟通，避免产品滞销。

中小企业快速解决销售力薄弱问题的有效办法是招募那些自带团队资源和客户资源的领头人。他们可以为企业打漂亮的“游击战”，实现产品的快速分销，同时锻炼销售队伍。此后，企业可以安排核心销售人员采用“以老带新”的方式培养新员工，逐步提升销售力。

品牌力是企业发展的战略目标

在产品力、销售力、品牌力这“三驾马车”中，品牌力是最难提升的，也是企业的核心竞争力。

拥有强大的品牌力，企业就拥有了“护城河”，在市场竞争中就具备防御力，能够相对独立地发展。这就像马斯洛需求层次理论所描述的，只有满足了生理、安全、社交、尊重需求，才能满足自我实现需求。品牌力的提升也是如此，只有在产品力和销售力的基础上不断积累，才能最终形成强大的品牌力。

强大的品牌力往往意味着强劲的销售力和良好的产品力。品牌力的成功建立在产品力和销售力的基础之上，三者相互依存、相互促进。强大的品牌力能够吸引优秀的销售人才和优质的合作伙伴，还能为企业带来足够的研发资金，进一步提升产品力。

然而，许多中小企业缺乏品牌力，也不愿意走品牌化战略。这主要是因为它们资金有限，大多数处于生存发展阶段，潜意识里缺乏品牌战略思维，这是一种错误的认知。缺乏品牌战略思维使企业难以突破瓶颈，只能原地踏步，无法实现品牌力的提升。

许多企业忽视品牌力的打造，认为在竞争激烈的行业中，头部品牌已经占据主导地位，自身实力有限，于是放弃品牌建设，选择低价竞争或模仿他人的路线。这种策略最终只会让企业的发展之路越来越窄。

品牌力的打造需要品类化、长期化、系统化的战略思维。任何品牌的成功都不是一蹴而就的，需要避免走弯路，做好品牌战略定位，明确发展方向。

企业老板需要重视产品力、销售力、品牌力，学会运用等边三角形式的思考方式，平衡这三者的关系，不断总结经验、复盘问题、创新思路，从而驾驭好这“三驾马车”，推动企业持续发展。

3

第三节

没有产品力就不会有品牌

产品是企业生存的核心，没有产品，企业便失去了存在的基础。产品是“1”，其他都是“0”。产品力的强弱决定了企业能否成就品牌。没有强大的产品力，企业无法长久发展，更不可能成为百年企业。

老干妈为什么能成功

老干妈作为中国辣酱第一品牌，包装风格、价格较为稳定，广告投入也很少，却凭借产品本身过硬的产品力取得了成功。

老干妈（陶华碧）牌油制辣椒是贵州地区的传统风味食品之一。自公司成立以来，老干妈就沿用传统工艺精心酿造，具有香辣突出、回味悠长等特点。

老干妈不仅在国内市场经久不衰，还在国外市场大受欢迎。在一些国外购物网站上，老干妈被直接译为“Lao Gan Ma”，也有译为“The Godmother”的。2012年7月，老干妈入驻美国奢侈品电商Gilt，限时抢购价为11.95美元两瓶（折合人民币约80元）。在美国，老干妈绝对算得上是“来自中国的进口奢侈品”。

2019 年春夏纽约时装周期间，在“中国日”（China Day）活动上，老干妈不仅带来了辣酱，还推出了老干妈限量版卫衣，售价为每件 120 美元。这是老干妈品牌价值的体现，带动了联名产品的火爆。

老干妈之所以如此受欢迎，归根结底是因为其几十年如一日的稳定品质赢得了消费者的高度认可。老干妈辣酱已成为品类的代表，成就了品牌。

老干妈曾被爆料自 2011 年起不再使用贵州辣椒，而是从河南采购辣椒，原因是贵州辣椒价格过高。这导致一些资深“椒友”认为其口味不如以前。但总体而言，老干妈依然保持了核心配方，维持了基本的产品力，因此销售未受影响。

狗不理包子门店为什么会倒闭?

狗不理包子是中国天津一道闻名中外的传统小吃。它由面粉、猪肉等材料制作而成，始创于清朝咸丰年间。作为“天津三绝”之首，狗不理包子是中华老字号之一。其面、馅选料精细，制作工艺严格，外形美观，尤其是包子褶花匀称，每个包子都不少于 15 个褶。刚出笼的包子鲜而不腻、清香适口。狗不理包子以鲜肉包为主，兼有三鲜包、海鲜包、酱肉包、素包子等几大类、几十个品种。2011 年 11 月，“狗不理包子传统手工制作技艺”被列入国务院公布的第三批国家级非物质文化遗产名录，成为世界闻名的中华美食之一。

然而，2020 年 5 月 11 日，天津狗不理食品股份有限公司正式宣布退市。2020 年 9 月 15 日，狗不理集团股份有限公司通过官方微博发布声明，宣布解除与王府井店的合作。这两个动作让市场感到不可思议，百年老字号退市、关店，无论官方如何解释，事实就是其经营肯定出了问题。

狗不理包子自诞生以来已有百年历史，如今却成为高价消费品，包子单价高，消费者认为其价格与价值不匹配，感叹“太贵了”，对其不再买账。

包子的本质是充饥的面食，即便是当地特色、非物质文化遗产，也不能脱离其本质。包子毕竟不是奢侈品，如果价格偏离其本质太远，最终会走向衰落。

老干妈也是快消品，是辣酱的第一品牌，但它并没有因为是第一品牌就将价格定得很高，而是遵循佐餐消费的本质，注重复购率。因此，它成为年销售额几十亿元的大品牌。

相比之下，狗不理包子的产品力已无法支撑其价格。消费者不愿意花费高于心理预期的价格购买，即便产品本身好吃，消费者也会认为价格与价值不对等，最终只能是一次性消费。

为什么牛栏山二锅头会成功？

茅台酒虽好，但其零售价格高达几千元一瓶，消费者却仍愿意购买。这是因为茅台酒是一种社交货币，其产品力已经超越了酒本身。尽管茅台的价格较高，但其社交价值远超消费成本，因此消费者愿意购买，这说明茅台的产品力非常强大。

如果牛栏山二锅头每瓶卖到茅台酒的价格，恐怕无人问津，因为大家认为其品牌价值较低。然而，牛栏山凭借低单价，实现了年销售额过百亿元，成为口粮酒的第一品牌，并让母公司顺鑫农业市值一度突破 550 亿元。

牛栏山二锅头为何能凭借低价获得成功？

其本质在于产品质量与价格高度匹配，甚至让消费者感觉产品价值高于价格，物超所值。这就是强大产品力的体现，让牛栏山二锅头凭借过硬的低价产品迈入百亿俱乐部。

如果牛栏山二锅头的产品质量不佳，消费者也不会持续购买。稳定的质量使其成为中国酒类知名品牌。

产品力是品牌的核心基础

3 元一瓶的可口可乐、3 元一瓶的康师傅绿茶，十几年来价格没有怎么上涨，口味也没有变化，这些产品因此成为品类的一线品牌。原因在于它们的产品力强大，赢得了市场认可。

成就品牌的核心基础是强大的产品力。任何一个品牌如果没有产品力，品牌大厦最终也会倒塌。

好的产品力需要具备三个“度”，每个“度”都不可或缺。

首先，产品力要有硬度。

硬度指的是产品的质量。优质的产品经得起市场的考验，只有赢得好口碑，才能为品牌的塑造奠定基础。

抖音、快手、淘宝、拼多多等平台上的部分品牌难以长久发展，往往只能热销一段时间，很多时候是因为产品力不足。消费者尝试购买后发现质量不好，就不会复购。

其次，产品力要有长度。

品牌大厦不是短时间内建立起来的，而是要历经几年、十几年甚至几十年。在此过程中，产品力考验的是长度，即时间。无论多久，产品质量都不能降低，否则品牌会受到巨大影响。“国民调料”王守义十三香的产品力很好，尤其在农村市场，成为做饭炒菜的“神器”。王守义十三香几十年如一日，不偷工减料，赢得了市场认可，如今已走过四十余年。

最后，产品力要有深度。

产品是时代的产物，时代在变，产品也要与时俱进，才能满足消费者不断变化的需求。这与产品力的长度并不矛盾。产品力的深度更多体现在产品研发和更新上。不能故步自封、满足于现状，否则产品会被市场淘汰。

例如，统一的汤达人方便面迎合消费升级的趋势，在泡面中主推高品质的汤料，让消费者了解到“面的灵魂在于汤”的理念，从而认识到汤达人独特用心的汤料是好味道的关键。汤达人通过精准定位目标人群，在产品质量、价格、销售渠道等方面制定了长远的规划，逐步实现了产品的热销，一度获得了年销售额约 30 亿元的好成绩。

在消费升级的背景下，产品也必须不断升级。

卫龙辣条卖得很好，从生产设备到产品研发，已经不再是多年前的水平。正是具备了产品力的深度，才有了今天的火爆局面。

这种产品力的长度和深度，可以理解为产品要不断进化。我们称之为产品力进化，即根据时代使产品进化，使营销手段进化。

例如，特仑苏、金典、安慕希等品牌都是在发展过程中，不断升级产品，做深度、做宽度，最终围绕品牌，持续强化核心竞争力。

产品力的硬度、长度、深度不可轻视。这三个“度”始终提醒品牌坚守产品本质。

勿忘产品初心，方能成就品牌。

4

第四节

打造超级产品力的时代来了

互联网的发展使中国经济发生了巨大变化。淘宝、京东、拼多多、快手、抖音等平台的出现，让中国的产品突破了时间和空间的限制，实现了更广泛的销售。这使传统渠道受到冲击，很多人抱怨互联网“坑害”了实体店。

然而，冷静思考后，我们不应排斥互联网，而应积极拥抱它，因为这是现实与趋势。互联网销售渠道本质上是工具，而非产品本身。互联网平台最重要的是通过售卖产品来实现其渠道价值。否则，没有产品，渠道将毫无意义。

如今，众多线上渠道为好产品提供了广阔的发展空间。通过直播、商城旗舰店、团购等方式，产品可以快速触达消费者并促成交易，这是传统渠道难以在短时间内实现的。从这个角度看，我们应感谢互联网带来的红利。

在这种大环境下，我们更应专注于打造超级产品力，以赢得市场，成就品牌。

什么是超级产品力？

超级产品力不仅体现在产品质量好上，还体现在价格合理，产品具有极致性价比上。

以胖东来超市为例，其生意为何如此火爆？

去过胖东来超市的人都会发现，其产品价签上清晰标明了产品的进货价、服务、物流等费用。这种价格透明化让消费者清楚地知道胖东来赚了多少钱，从而让消费者更愿意选择胖东来。胖东来的成功，正是超级产品力的体现——产品好、价格低、不赚“黑心钱”。

如今是信息高度发达的时代，不再是依靠信息差赚取高额利润的时代，也不再是靠广告宣传就能赢得购买的时代，更不是一家独大的时代。

消费市场虽然存在分层，但若想追求销量和品牌影响力，没有超级产品力是无法实现的。大众消费的产品才是最大的赛道。

以蜜雪冰城为例，其饮品大多定价在 10 元以下，消费者络绎不绝，实现了全国 2 万多家门店的布局。试想一下，如果蜜雪冰城的饮品质量不佳，仅靠价格便宜，消费者还会持续购买吗？答案肯定是否定的。蜜雪冰城的战略是低价赚流量、薄利多销，最终成就了品牌，并为品牌价值赋能。

再看笔者策划的猩猩暴走电解质水。在量贩零食店，其零售价每瓶仅 2.9 元左右，相比竞品的 3.5 元、4.5 元、5 元，猩猩暴走在价格上具有绝对优势。此外，其包装材质优良，瓶身重达 32 克，拿在手里非常坚挺，不像有些品牌为降低成本而减少瓶身克重，导致瓶子拿在手里有被“捏扁”的感觉。采用大瓶口设计，喝起来非常过瘾，符合消费者流汗后补水的需求。在 2024 年年初的糖酒会上，猩猩暴走一亮相，就获得了爱零食、零食有鸣、巡物社等连锁零食店的青睐并签约合作，原因正是其超强的产品力。

以上案例标志着超级产品力时代的到来。过去那种靠打广告、找代理、促分销、追求高毛利的套路已不再有效。如今，我们迎来了信息透明、产品过剩、竞争加剧的时代，消费者不再单纯信赖广告，而是更相信口碑和体验。

超级产品力时代来临的背后

为什么很多人不再愿意选择传统大品牌，而选择在线上购买一些不知名品牌的商品？以 T 恤、裤子为例，这些产品的价格在 100 元至 300 元，质量很不错。身边一些高收入人群通过抖音购买衣服，其实就是看中了价格不高且质量不错的产品优势，归根结底是这些产品具有超强的产品力。

这种现象日益普遍，涵盖了许多品类。

背后的原因是什么？

互联网消除了信息不对称。

超级产品力的发展离不开互联网。产品能通过互联网平台在第一时间发布和传播，让全国消费者快速了解产品。这与互联网普及前的信息闭塞、认知滞后形成鲜明对比。过去因信息滞后，消费者难以及时了解产品价值，导致优质产品无法高效触达目标人群。

互联网时代的来临，让优质产品不再“寂寞”。只要找到传播渠道的突破口，产品就能在短时间内流行起来，快速占领市场。

信息的高效传播促使企业加速产品的研发、迭代和升级，推动好的产品快速亮相并实现变现。这是一个常态化的循环发展过程。互联网渠道的多元化，推动了产品力的爆发，让更多的优质产品被送到消费者手中。

没有传统中间商赚差价

在传统的线下渠道中，从厂家到经销商，再到终端零售商和消费者，每层中间商都要赚取差价，最终买单的还是消费者。而在线上，渠道简化为“厂家—平台—消费者”，省去了传统的经销商环节。虽然厂家需要投入更多资金用于推广和宣传，但相比线下渠道，产品利润仍然相对可控，可以直接让利给消费者。这也是很多产品在线上售卖价格更便宜的原因之一：没有中间商赚差价。

许多产品是由厂家直接在平台销售，整体销售价格可以根据市场竞争情况和企业发展阶段灵活调整。消费者对线上销售价格更为敏感，因为线上同类产品众多，消费者可以通过评论、销售数据和产品介绍等快速筛选，找到更好的产品。

消费升级的竞争倒逼

关于消费升级或降级的讨论其实并无太大意义。无论在国内还是国外，消费者都希望用更少的钱买到更好的东西，这是人性的体现。

消费者永远向往更好的生活，追求更好的产品和服务。消费本质上是不断升级的。社会也在不断进步，而非倒退。作为企业，只有不断创新，提供更好的产品和服务，以更优惠的价格满足消费者需求，才能在竞争中脱颖而出。

消费者不断升级的需求，促使企业改进生产技术、降低不必要的生产成本、让利消费者，从而打造出超级产品。

互联网的快速发展让消费者能够更快、更全面地了解产品，促使消费需求不断升级，甚至是快速升级。一旦看到更好的产品，消费者就会“喜新厌旧”。

新能源汽车的发展就是消费升级与技术、政策共同作用的结果。近年来，社会环保意识不断增强，国家对环境的重视以及居住环境的改善，促使消费者对新能源汽车的需求增加。同时，经济环境的相对不稳定导致消费者收入不稳定，消费者在汽车消费上更加精打细算。消费升级推动了新能源汽车快速发展。

拼多多的成功最初依靠的是价格优势，但由于前期平台产品质量不太好，产生了不少投诉。然而，拼多多经过持续努力，如今已经得到完善，成为很多人的日常购物渠道。拼多多能够取得今天的成就，靠的是强大的综合产品力，加上“7 天免费试用、不满意无条件退货”等服务，进一步提升了其竞争力。

随着社会的不断进步，产品更加丰富，竞争加剧，创新不断，整个社会进入快速迭代的阶段。在这种社会环境下，很多企业用流量思维看待企业发展，但流量的核心是内容，没有内容就不会有长期的流量。

很多企业一直发展不起来，不是因为营销做得不好，也不是因为缺少资金，本质上是因为缺少好的产品，缺乏强大的产品力。这会导致招商困难、渠道升级困难，最终使企业难以实现大的发展。

超级产品力时代的到来，实际上是一种市场消费本质的回归。我们要学会看透消费需求的本质，研究消费者心智，做好竞争战略，打造自己的超级大单品。

11

CHAPTER 11

第十一章 拥抱互联网

中国的互联网产业发展非常迅速。作为国家战略，互联网的发展受到从中央到地方的高度重视，覆盖互联网科技、经济、农村电商、数字内容创作等多个领域，中国迎来了互联网的大时代。

互联网对传统商业产生了巨大冲击，导致实体经济和制造业面临更大的困难。然而，我们不应抱怨互联网时代，而应利用互联网红利，将其作为产品销售和品牌建设的手段，创建中国知名品牌乃至世界级品牌。

例如，一场线上直播在不到一小时的时间内可以实现几千万元乃至上亿元的交易额，这在传统商业模式中难以想象，却是中国市场的现实。因此，企业要拥抱互联网，学会新营销。

许多企业设立了新媒体运营中心，建立直播间，培养自己的主播，逐渐减少对传统业务员模式的依赖，实现了产品从工厂到对消费者的直供。互联网并非万能，但它可以赋能。

1 第一节 全民电商化已来临

自淘宝创立以来，电商发展进入了快车道，“双 11”这一购物节应运而生，京东等平台也纷纷加入。中国电商在高峰时期的交易额可达万亿元。这在传统渠道是难以想象的。电商的出现极大地改变了消费生态。

如今，快手、抖音、拼多多等平台也已走进消费者的生活。抖音开启了全民直播带货的时代，甚至有人认为：“宇宙的尽头是直播带货。”

随着 5G 时代的到来，电商化趋势越发迅猛，我国电商行业一度呈现井喷式发展。这是不可阻挡的趋势，我们应积极拥抱互联网，拥抱电商。

国内便利的物流为电商插上翅膀

国内便利的物流为电商插上了翅膀，让产品能够进入千家万户。否则，电商只能是空中楼阁，难以落地，产品无法真正到达消费者手中，电商也难以发展起来。

我国目前有 30 多条高速公路（G 字头的高速公路，不包括省级间联络线），其中包括首都放射线 7 条，南北纵线 11 条，东西横线 18 条。这些高速公路构成了我国交通网络的重要框架，截至 2023 年，我国公路总里程已达 544.1 万公里，高速公路里程达 18.4 万公里，均居世界第一；我国农村公路总里程已达 459.86 万公里，99.64% 的乡镇和 99.47% 的建制村通了硬化路，99.1% 的乡镇和 96.5% 的建制村通了客车。

通过以上数据（如今数据已有变动）可以看到便利的交通网络为电商提供了诸多机会。如果没有如此便利的交通，我们的产品想要在 3 至 7 天内快速到达消费者手中，几乎是不可能的。此前，国家提出“要想富，先修路”的口号，先通了路，让人既能走出去，也能走进来，农产品才得以运出去，外面的生意也得以走进来。

便利发达的中国交通网络为电商的发展立下了不可磨灭的功劳。未来，随着高铁站和机场的密集建设，在更加快捷的大物流时代，产品将能够更快速地传递，让电商飞得更高、更快。

中国的人口密集型居住是电商发展的土壤

温州的服装、新疆的干果、山东的蔬菜等，全国多地依托区域产业链优势，形成了特色鲜明的产业集群，为电商发展奠定基础。

中国拥有 14 亿多人口，许多沿海城市经济发达且人口密集，从南到北形成了一串珍珠般的城市。西北、西南、东北、华北等地也都有人口聚集的大城市，高人口密度大大减少了快递“最后一公里”的时间和成本。

中国人口的高密度聚居特征，为国内电商行业的蓬勃发展奠定了坚实基础。这种人口密集的环境，培育出数百万的快递员，更催生了千亿元级别的电商平台。

这种高密度城市的发展形态，为企业提供了诸多机会：一方面，可以根据人口特点开发有针对性的产品，找准市场定位；另一方面，可以利用电商模式，快速拓展业务。

密集的城市人口促成了外卖市场的发展，核心城区布满了外卖骑手，满足了消费者足不出户就能快速享受美食的需求。同城的“跑腿”快递业务更是方便了消费者，消费者只需要在平台下单即可，节省了时间。

中国城市化进程的推进，使更多的人涌入城市，每个人都能成为电商的参与者，随时通过平台下单，推动电商产业链的运转。

电商的发展让产品更加接近消费者

电商的发展让产品更加接近消费者。在传统商业领域，产品从工厂到代理商，再到二级经销商、销售端，最后才到消费者手中。产品的曝光度取决于产品的铺货率，消费者了解和购买产品需要时间与合适的场合。

在电商时代，产品与消费者之间可以随时“沟通”，只需要一部手机，消费者就可以获取产品信息并随时下单购买，极大地提升了购买的便利性。电商平台的产品信息非常详细，而且有很多同类竞品，便于消费者对比和选择。

这就要求电商时代的品牌旗舰店务必做到三个清晰。

一是品牌形象清晰。在包装设计和详情页展示中，品牌名称要突出，无论是品牌设计还是品牌故事，都要让消费者印象深刻，留下独特的记忆。

二是产品价值清晰。产品价值即产品的利益点，要明确告知消费者产品能为其带来什么，以及背后的技术、成分、文化、包装等，让消费者一目了然。

三是产品价格清晰。价格是影响电商平台产品售卖的重要因素之一。因此，电商平台上的产品必须标明价格，这会直接影响消费者的购买决策。

便利的电商平台让消费者直接面对产品，企业要学会利用电商实现两个目的：一是直接的产品销售，二是产品的测试体验。这两点上，电商都优于传统销售渠道，企业要抓住电商的红利。

电商让新品快速发展

抖音直播让新产品能很快实现百万元、千万元甚至上亿元的销售额。服装、食品、家居用品、化妆品等产品通过抖音直播带货，能够快速实现销量增长，成为“现象级”产品。

受新冠疫情的影响，人们对健康越来越重视，居家健身和户外运动的人数越来越多。2022 年 4 月，刘畊宏的毽子操突然火爆全网，掀起了“刘畊宏女孩 / 男孩”的热潮。短短几周内，刘畊宏收获了无数粉丝，成为拥有顶级流量的“网红”。他健身时穿的运动服装也成为粉丝的热购产品，很多粉丝晒出与刘畊宏同款的运动服装，这正是电商的便利和魅力。

螺蛳粉通过明星、“网红”的带货直播迅速走红，如今不仅在线上火爆，在线下市场也成为热销品类，这正是电商助力产品走向大众市场的生动体现。

面对电商浪潮，企业要学会“线上造势、线下爆破”。利用线上平台推出新品进行引流，让消费者快速、低成本地体验产品，同时通过大数据构建消费者画像，在此基础上，针对线下市场，有针对性地锁定市场区域和销售渠道，实现精准营销。

利用电商平台推新品，企业需要做好以下三个方面的工作，才能真正实现名利双收，否则企业可能会面临困境。

第一，企业需要具备电商基因。电商基因就是拥有完善的供应链体系，在产品生产、物流发货、售前及售后服务等方面具备条件和经验。一旦在电商找到销售突破口，后续的服务环节必须保证没有问题，否则难以做好电商销售。

第二，企业需要具备充足的资金。电商大多是先生产产品，在仓库等待消费者购买，然后送到消费者手中。这种模式通常需要企业先花钱生产产品，然后通过销售回笼资金。如果没有足够的资金，就无法实现“先生产后销售”的模式。

第三，企业需要具备专业的运营团队。电商运营涉及平台对接、店铺搭建、流量推广、售前及售后服务、数据分析等多个环节，需要专业团队协作完成。

企业如果没有自己的专业团队，可以与运营机构合作，整合资源，企业专注于产品研发和供应链管理。

全民电商化时代的到来，推动数字化和大数据的发展。企业必须抓住这一趋势，充分利用科技，为自己的产品和品牌赋能。

2

第二节

网络营销不是简单的媒体工具

随着互联网的发展，网络营销日益火爆，催生了网络营销培训公司、代运营公司、直播公司等，很多公司赚得盆满钵满。大多数企业在听完相关培训课后，建立了微信、微博、淘宝、快手、抖音、小红书等平台账号，心里感觉这就是网络营销了。

如果没有这些平台，企业都不好意思与同行交流，感觉自己太落后。起码在聊起线上营销时，可以说自己已经开始了。这种现象如今非常普遍，我们称之为“跟风”，很多时候只是出于面子考虑。然而，很多企业并没有具体研究自己的产品是否适合网络推广，也没有思考如何利用网络解决实际的营销问题。

网络营销的本质是借助互联网平台工具的便利性，实现品牌的推广和产品的销售。然而，一些企业认为只要有了网络平台账号就万事大吉了，对于网络营销存在认知误区。

误区一：建立网络平台账号等于网络营销

网络营销离不开微博、微信、抖音、小红书等平台。搭建好这些平台的企业账号是网络营销的基础。然而，如果没有专业人员的维护和推广，这些账号将无法有效地发挥推广作用。

微信虽提供服务号、订阅号、视频号等多种工具，但有多少企业充分利用微信去推广产品、与消费者互动、开展促销和公关活动呢？大多数企业并没有充分运用这些功能。在天猫、京东等开旗舰店比较容易，但开通之后的运营能否为企业带来销售的大幅增长或品牌价值赋能？答案往往是否定的。

误区二：网络营销是灵丹妙药

网络营销虽然功能强大，但不是促成企业成功的灵丹妙药，更不是点石成金的绝活。我们需要理性评估网络营销的作用，重点在于研究其是否适合自己的产品。

企业重视网络营销是发展的必然趋势，但不可盲目依赖。

部分面临激烈市场竞争，或者发展遇到瓶颈的企业，常把网络营销当作灵丹妙药，以为单凭网络营销就能帮助企业成功。这种想法是片面的。

网络营销本质上就是“网络 + 营销”，是一种营销手段，只不过借用了网络平台。虽然相对于传统营销手段来说，网络营销优势明显，但绝对不是说通过网络营销，企业就一定能发展得很好。

一家企业能否良性发展，很大程度上取决于这家企业是否把消费者放在第一位。做好产品与服务，才是企业制胜的关键。

我们看到了三只松鼠、小米、阿芙精油、完美日记、王饱饱、李子柒等品牌的成功，却不知这些品牌背后的营销团队规模庞大。想想看，一家不知名的企业开始做网络营销，能否一夜之间成功？答案是不可能，因为这需要专业的团队和长期的积累。

在这些成功的品牌中，还有一个规律：它们售卖的产品大多是零食、服装、化妆品等常用快消品，而不是钢材、水泥、地板等产品。因为产品属性不同，消费者的使用习惯和购买习惯也不同。

因此，企业可以利用网络营销，但要学会巧妙利用，而不是盲目推广、宣传。一定要做到“适合的就是最好的”，让产品和品牌与网络接轨。

实施网络营销时，首先要根据本企业的自身特点和所处行业的特点，选择合理的网络营销管理模型；其次要明确引入网络营销会带来的主要效益和费用投入，并设定明确的量化指标；最后要计算这些指标能否实现收支平衡以及盈利。没有这些基础，很多企业就会很容易陷入营销困境。

3 第三节 网络营销不是一个人在战斗

如今，中国互联网技术日新月异，创新应用得到了充分展现。每一个网络工具、平台的出现，都依赖专业人才的支持。

工具的本质是赋能企业，只有创造实际经济效益，企业才会有生存发展的空间。而互联网工具由于发展迅速，对专业人才的需求也越来越多。

从淘宝店到抖音直播带货，网络营销飞速发展。在同样的条件下，有的企业能够充分利用网络平台取得成功，有的企业却收效甚微。其中的关键差距在于体系化的网络营销能力，这并不是一个人能独立完成的，而是需要完整的网络营销运营团队协同完成。

每家企业都想在网络平台上成功卖出更多的产品，但真正实现这一目标的企业寥寥无几。很多人认为是资金有差距的结果：大企业拥有更多资源，能够吸引人才、购买流量，因此表现更佳。但这只是看到了表面。很多大企业的网络营销做得并不好，无论是线上商城卖货还是线上推广活动，表现都相对一般。

原因有三：一是它们的产品渠道大多在线下，对线上渠道的依赖较少；二是这些传统品牌对网络营销缺乏专注，不会投入过多精力；三是专业的网络人才更倾向于在专注互联网营销的公司发展。

传统品牌要想在网络营销中取得成功，首先需要聚焦产品和业务板块，让专业团队来运营，打造独特的产品品牌。

一个公司在养一头牛

以伊利、蒙牛为例，它们长期占据传统乳品市场主导地位，而“认养一头牛”则凭借线上渠道快速崛起，现已成为新兴乳品品牌代表。品牌是该公司营销的重点。

“认养一头牛”创始人徐晓波于 2014 年在河北故城建立了公司第一座大型现代化牧场，并于 2016 年 10 月在杭州正式创立“认养一头牛”这一新锐乳品品牌。

公司以“只为一杯好牛奶”为使命，从牧草种植、奶牛养殖等源头环节严格把控牛奶品质，同时通过跨界联名、内容共创、互动营销等方式，实现产业链、品牌和消费者的深度连接。如今，“认养一头牛”已经发展成集牧草种植、饲料加工、奶牛养殖、乳制品加工销售及旅游观光于一体的乳业全产业链公司。

“认养一头牛”是典型的互联网数字化营销下的乳品品牌，从公司创立伊始就聚焦线上经营，可以说是改变了赛道，开辟了新的营销模式。

以下是“认养一头牛”的发展历程。

2014 年，创始人徐晓波从澳洲引进 6000 头荷斯坦奶牛，斥资 4.6 亿元在河北故城建立公司首个现代化牧场——康宏牧场。

2016 年，“认养一头牛”品牌正式成立，受到吴晓波等“大 V”的联合推荐。

2017 年，康宏牧场被评为“国家农业部奶牛标准化示范场”；陆续成为各大自媒体电商、社交电商的 KA 商家。

2018 年，与国际权威检测机构 SGS 展开合作，牛奶蛋白质、微生物、体细胞等指标均远优于欧盟标准；入驻天猫，开启会员运营时代。

2019 年，斥资 5.5 亿元在山东临沂建造日产 800 吨乳制品、拥有世界先进设备的数智化工厂；与天猫签订战略合作协议，确定 3 年突破 10 亿元的销售目标。

2020 年，已在国内建立 7 座牧场，山东数智化工厂正式投产，开启种、养、加工、销、旅全产业链时代；跻身天猫"双 11"亿元俱乐部，占据天猫、京东乳业旗舰店销量榜 TOP1。

2021 年，首次升级品牌标识，以更简约和更有辨识度的形象，向消费者传递"奶牛养得好，牛奶才会好"的品牌理念；由 KKR、德弘资本（DCP）领投完成融资，募集的资金主要用于扩大优质奶牛养殖规模和企业数智化升级。

2025 年，入选浙江独角兽企业榜单。

互联网下的三只松鼠

成立于 2012 年的三只松鼠，主要以互联网技术为依托，通过 B2C 平台进行线上销售，成为线上坚果第一品牌。

自成立以来，三只松鼠创造了许多销售奇迹。在 2019 年"双 11"当天，其销售额在淘宝天猫坚果行业中跃居第一名，突破 10 亿元，目前没有任何一个坚果品牌能够超越。三只松鼠开创了线上平台的销售模式，缩短了商家与消费者之间的距离，同时建立会员服务体系提升消费体验。

三只松鼠是中国食品行业较早全面依托互联网销售的品牌之一。2019 年 7 月 12 日，三只松鼠在深交所创业板上市，被媒体誉为"国民零食第一股"。同年，三只松鼠全年销售额突破百亿元，成为零食行业首批年销售额破百亿元的企业。这背后是三只松鼠公司几千人的共同努力，团队是一个协同运作体系。

网络营销的核心是年轻和创新。年轻代表着活力和激情，创新是发展的动力。互联网为年轻人提供了无尽的想象空间，让他们大胆地创造未来。三只松鼠由章燎原创立，其初始创业团队以“90 后”为主，是一支充满活力、富有挑战精神的年轻团队，带有互联网基因。

如今，三只松鼠从线上走到线下，开设了三只松鼠零食实体店，推出了流通渠道系列食品。这些线下布局都是建立在三只松鼠成为知名品牌的基础上，否则线下业务也不会发展得如此迅猛。

“认养一头牛”和三只松鼠的成功路径

“认养一头牛”和三只松鼠的成功路径呈现四大共性。

一是从互联网渠道突破。它们通过互联网渠道突破，成为互联网销售平台的领先品牌。它们选择了线上平台，区分于传统渠道。虽然产品本身没有太多本质变化，但销售模式得到了创新。

二是品牌塑造聚焦策略。它们专注品类和产品，通过线上渠道的畅销推动品牌成长。纯牛奶、坚果都是消费者的日常需求品，复购率较高，因此易于打造大单品。

三是产业链完善。它们不仅在前端的品牌营销上做得好，后端的产品生产供应链也有稳固保障，整体的营销闭环做得很好。

四是线上成功，线下攻城。两个品牌都是首先通过网络营销在线上取得成功，然后拓展线下渠道，回归企业经营的本质。

营销 4P 理论永不过时

传统企业若想在互联网营销上发力，就不能仅仅依靠开设旗舰店，而是要构建完整的营销产业链服务体系。

网络营销发展到现在，已经不再仅是比拼营销技术和平台流量，而是进入以产品创新能力为核心的时代。没有优质的产品，在线上平台便难以获得长久的成功，因为目前市场竞争激烈，已不再是十几年前的市场环境。

网络营销想取得持续成功，必须遵循营销 4P 理论。营销 4P 理论被归结为四个基本策略的组合：产品（Product）、价格（Price）、渠道（Place）、促销（Promotion）。由于这四个词的英文首字母都是P，所以被称为4P 理论。

即使是线上售卖，同样需要产品创新、价格竞争、渠道流量购买和促销活动推广，4P 理论的任何一个环节都不可缺少。

网络营销的成本越来越高，根源在于线上产品众多，竞争激烈，导致营销成本增加。这与线下营销的本质相同：没有营销推广活动，产品就难以实现销售。

网络营销的重要目标是建立品牌知名度。只有品牌才是企业最强大的护城河。

4

第四节

学会新营销，不忘做产品

互联网的兴起为中国经济注入了巨大的动能，国家层面提出的互联网战略进一步强化了互联网在中国的地位。以百度、阿里巴巴、腾讯（英文缩写为 BAT）为代表的三大互联网公司，不仅在国内持续深耕业务，还在海外市场积极布局。

互联网催生了全新的发展模式，特别是营销方式的革新。如今，抖音、拼多多、快手、小红书等平台的营销活动如火如荼，新的营销模式和渠道造就了许多新产品。我们看到了很多创造纪录的月销售额、年销售额，但这只是表面现象。实际上，更多企业在尝试线上营销时面临亏损，主要因为线上运营成本过高，实际利润难以覆盖成本。

企业虽然能利用许多技术和工具做营销，但不能忘记核心本质——产品。只有好的产品才能在互联网平台上长久销售，赋能品牌，成就品牌。

千万不要陷入“低价即畅销”的误区。低价并不意味着低质，更不代表畅销。

新营销离不开新产品

新营销的本质是以创新手段传递产品价值，尽管营销方式不断迭代升级，但其核心仍在于产品价值本身。新营销不只是手段，要想获得成功，离不开产品的竞争力。企业必须开发特色产品，在竞争中占据优势。

新产品的前期推广需要引流。一旦引流产品成功吸引消费者关注，就很容易成为畅销产品。畅销产品的价格一般为 9.9 元、29.9 元、39.9 元、69.9 元、89.9 元等，不同产品的价格不同，但有一个共性是价格喜欢带 0.9 元。

这是一种吸引消费者眼球的技巧，整数定价会让消费者感觉不是促销价，这是产品定价的技巧。除此之外，更重要的是产品的性价比。这类以 0.9 元结尾的定价策略属于流量产品设计范畴，核心目标是通过价格锚点吸引消费者进店。消费者进店后，可能还会选购配套产品。

网络中的产品价格相对较低，这是消费者对网络销售的普遍认知。然而，产品不能仅靠低价取胜，质量也必须过关，才能让消费者持续购买。否则，如果质量不过关，不仅会影响品牌声誉，甚至可能遭到投诉，导致线上店铺被关闭。

引流产品的价格虽然便宜，但质量必须更好，因为它们是吸引消费者购买的关键，直接影响后续的复购和口碑。

以王饱饱为例，它从“网红”产品升级为品类知名品牌，发展速度非常快。王饱饱首创“烤燕麦 + 冻干水果 + 酸奶块”的产品组合，以创新口感和健康定位打造差异化竞争力。它首先通过小红书“种草”触达年轻目标人群，引导他们搜索品牌信息并关注官方账号，最终跳转至品牌商城购买。王饱饱在完成引流之后，通过品牌商城推出限时折扣活动，以价格优惠吸引消费者快速下单，并邀请购买用户成为产品的品鉴官。

王饱饱于 2016 年成立，2018 年 5 月正式开始运营，总部位于浙江杭州。2019 年 6 月，位列天猫冲调品类店铺维度第一。同年首次参加天猫“双 11”，并在 69 分钟内销售额突破 1000 万元，登顶冲调品类销量榜。2020 年，王饱饱实现逆势增长：3 月在淘宝及天猫平台创下开店以来单月最高销售额 7414.3 万元的记录，“6・18”期间再度斩获代餐麦片类目销量冠军。从这些数据可以看出，王饱饱的新营销非常成功，树立了品类品牌的知名度。

传统麦片常被贴上口感粗糙、纤维感强的标签，而王饱饱以“健康、低糖、低热量”为核心定位，主打“高颜值代餐谷物”，针对目标群体减肥的痛点，让消费者摆脱“好吃怕胖”的困扰，满足“90 后”“00 后”对产品颜值和健康养生的双重需求。在新营销时代，产品需要具备显著的差异化优势，否则难以在激烈的市场竞争中脱颖而出。

王饱饱前期的营销成效显著，但在后期未能推动产品差异化创新，并且过度依赖“网红”效应，最终导致销量下滑。麦片冲调类产品技术壁垒低，西麦、好麦多等竞品的同质化竞争加剧，导致王饱饱在性价比方面缺乏绝对优势。王饱饱的成功和衰败都值得我们借鉴和反思，它告诉我们，品牌若想实现长期发展，必须不断优化产品，提升产品竞争力，否则终会被市场淘汰。

新营销推动燕窝向大众消费品转型

燕窝作为传统滋补品，其功效早已被广泛认可，历史上几乎专属于权贵阶层。传统的燕窝产品大多是干燕窝，需要通过复杂的浸泡、炖煮流程食用，且常以贵重礼品形式流通。网络营销的兴起使燕窝消费逐渐走向大众。许多品牌通过线上渠道推出鲜炖燕窝产品，消费者无须自行炖煮，开瓶即食，非常方便。

小仙炖、燕之屋等品牌通过互联网渠道推动燕窝产品迭代升级，成功将鲜炖燕窝转化为日常滋补品。这一现象体现了新营销模式下的产品创新与渠道革新，通过重构消费场景与优化消费者体验，最终有效满足了消费者需求。

不是品牌无用，而是注重产品性价比

有人认为品牌无用，因为在淘宝、京东、快手、抖音等平台上，许多新产品、新品牌缺乏传统品牌积累，但依然实现了销量突破。这种观点忽视了消费者对产品力的实际需求：消费者更注重性价比，即性能与价格的平衡。电商平台销售的产品许多是新产品，缺少品牌积累，但电商平台通过“7 天无理由退货”“店铺评分机制”等规则约束商家，因此消费者购买部分低价产品的品质仍能有所保障。

打造互联网爆品的本质在于构建高性价比优势，而这一优势依赖全产业链的协同优化。不要只看到表面的低价。

新营销下的产品力构建有三个关键因素：一是产品成本，二是产品推广，三是物流。这三个因素决定了产品能否畅销。

产品成本控制要从供应链源头入手，综合考虑产品内容物、包材、生产、仓储物流等成本，争取规模化生产，降低单品成本，从而获得竞争优势。这种竞争战略与迈克尔·波特的总成本领先战略理论高度契合。

产品推广需要精准匹配流量预算，否则难以快速触达目标用户。发货和物流运输要确保及时，企业与物流公司签订合作协议，可以降低快递成本，提高发货效率，保障供应链稳定性。

电商平台只是工具，其运营效果取决于企业的产品力、人才储备、资金情况等综合因素，但产品是核心竞争力。产品是“1”，后面的才是“0”。

企业在掌握新营销方法论的同时，始终要坚守产品这个核心。无论技术如何创新，产品也始终是核心。

12

CHAPTER 12

第十二章 定位诉求真相

茅台为什么定价高？牛栏山二锅头为什么定价低？可口可乐为什么畅销全球？这些产品都很成功，但它们的价格、市值和品牌价值存在差异。那么，造成这种差异的核心原因是什么呢？

高价与低价的产品在市场上都存在，消费者对它们的需求也存在明显分层。消费者购买高价产品和低价产品的底层逻辑是什么？

营销的本质是洞察人性需求，产品则是满足这些需求的载体。要想让消费者购买，关键在于找准他们的核心需求。

同样的产品，通过不同的定位和诉求策略，会带来截然不同的结果。从战略角度看，品牌需要有清晰的定位，向消费者传递真实且打动人心的价值。同样的产品通过差异化的定位和精准诉求策略，也许能实现从平庸到卓越的蜕变。

1

第一节

产品是死的，诉求是活的

一个品牌要想成功，首先需要为产品找到差异化的价值。只有通过差异化的价值主张，品牌才能在竞争中脱颖而出。否则，品牌很容易陷入同质化竞争。

市场上同类产品非常多，且往往隶属于多个品牌。每个品牌的诉求价值不同，带来的市场结果也不同，其本质在于品牌定位的方向不同。

产品是死的，诉求是活的。

例如，销售一个碗，如果仅将其定位为吃饭的器皿，可能只值几元钱，还不一定好卖，因为市场上同等价格的碗太多。但如果强调这是景德镇生产的碗，价格可能会高一倍，因为消费者认可景德镇陶瓷的品质；如果说这个碗是限量版，就有人愿意花高价购买、收藏，期待未来能增值；如果这个碗是明清时代的产物，那就具有绝对的收藏级历史价值。同样一个碗，通过不同维度的诉求，就会呈现不同的结果。

产品在迈向品牌的道路上，关键在于建立品牌认知。此时，产品不再是唯一的卖点，更多是诉求的价值。通过品牌营销，将产品的诉求价值植入消费者心智，最终成就品牌。

一个品类中可能会有很多品牌，但处于顶端的品牌往往只有几个。它们之间的竞争本质上是价值的竞争，超越产品的物理属性，通过品牌价值让消费者站队，成为自己的忠实用户。

在白酒品类中，香型非常多，每个香型下又有无数的品牌。要想脱颖而出，就必须跳出香型的局限，塑造独特的品牌价值。

茅台作为酱香型的代表，其品牌价值并非仅在于酱香，而在于其地位和社交礼品价值，这使其成为中国高端白酒品牌之一。

今世缘酒，定位为“中国人的喜酒”，主打“今世有缘，相伴永远”。

同样都是白酒，但诉求价值不同，成就了不同的品牌文化。

在世界两大可乐品牌中，可口可乐主打“口味正宗”，百事可乐强调“年轻一代的选择”，两个品牌在市场上竞争激烈。本质上，这并非可乐口感的竞争，而是通过核心价值，让消费者接受并选择产品。

可口可乐后来不再强调“口味正宗”的价值定位，而是转向“开心、快乐、自由、分享”等理念。而百事可乐则切入消费者的年龄圈层，定位为年轻人的符号标签，而非单纯强调百事可乐好喝。

汽车领域的奔驰和宝马两大品牌也遵循同样的逻辑。它们不只是向消费者强调汽车本身的质量参数，而且从人性的价值诉求出发，定位开奔驰是实力的象征，开宝马则是追求极速驾驶的快感。奔驰和宝马都是全球高端汽车品牌，产品质量本身无可置疑。如果仍只强调产品本身，反而会让消费者觉得品牌对自己的产品缺乏自信，起到反作用。

从以上案例可以看出，无论是酒、可乐还是汽车，产品本身并没有太多本质区别，关键在于通过超越产品本身的诉求，从人性角度定位，进行市场细分，赋予品牌独特的价值。

合理定位，贩卖需求价值

关于定位理论，业界存在不同观点。无论是特劳特提出的心智定位，还是里斯倡导的品类定位，都围绕消费者展开。通常对定位的理解是“品牌是什么”，但更重要的是“品牌为谁服务”，传递什么价值。

1. 定位消费场景

场景定位的价值永远不会过时，除非这个场景在生活中不再存在。场景定位的诉求价值在于将品牌与特定场景画等号，让消费者在特定的场景需求中，第一时间联想到品牌。

“累了困了喝红牛”是红牛在中国的经典广告语，至今仍然具有强大的影响力。当消费者感到疲惫时，会很容易想到红牛。尤其是很多消费者远途自驾，会在车后备箱备一箱红牛，以便开车感到困倦时提神。虽然红牛的广告语后来改为“你的能量超乎你想象”，但与此前的“困了累了喝红牛”相比，新广告语更强调精神层面的内容，实际上消费者对其记忆并不深刻。

“吃辣吃肉喝辣由柠”是笔者策划的一款小青柠汁饮品的定位。品牌名字为“辣由柠”，谐音“辣有柠”，寓意在吃辣吃肉时，喝小青柠汁可以解辣解油腻。我们并不为小青柠汁品类做嫁衣，而是直接聚焦“辣由柠”品牌，目标是成为小青柠汁的第一品牌。“辣由柠”并没有强调产品功效，而是直接将品牌与“吃辣吃肉”场景绑定，让场景与品牌画等号。

类似的案例还有“山楂树下，多吃不怕”“喝酒不开车，开车喝大窑”“流汗喝猩猩暴走”“白天吃白片不瞌睡，晚上吃黑片睡得香”等。

2. 定位行业地位

行业地位是很多一线品牌常用的定位方式。因为一线品牌无论在品牌力还是渠道力方面都具有优势，它们通过定位为“领先、高端、畅销”等，且能够用行业数据作支撑，让消费者信服。

行业地位的定位诉求本质是从竞争角度切入，让消费者感知“我是第一，其他竞品都不如我”，占据消费者心中第一的地位。

行业地位定位最能体现品牌和产品价值，塑造了可信赖的认知买点，其潜台词就是“你买我没有错”。

例如，“唐时宫廷酒，今日剑南春”突出了剑南春的历史价值；“乌江榨菜，我爷爷的爷爷都说好”强调了其品质得到几代人的认可；“竹叶青，中国高端绿茶领导者”彰显了竹叶青在绿茶领域的领导地位；“波司登，专注于羽绒服研发 48 年，畅销全球 72 国”则用数据证明了波司登在羽绒服行业的地位，让消费者觉得“选择我没有错”，从而增强品牌的可信度。

行业地位定位可以从发展历程、文化积累、产品价格、产品产量、销售数量、市场范围、合作伙伴等不同维度入手，突出产品在行业竞争中最具传播价值的地位优势。

3. 定位消费痛点

品牌营销经常提到消费痛点，也就是消费者尚未被满足的需求或问题。而营销的核心就是用产品解决这些需求或问题。

OPPO 手机的“充电 5 分钟，通话 2 小时”，洞察到消费者因频繁使用手机而导致电量不足的问题，解决了消费者痛点。

台铃电动车的“跑得更远”，则解决了消费者电动车续航不足、容易没电的问题。

罗振宇的《罗辑思维》最初以免费形式推出，每天分享精彩内容，积累了几百万粉丝。后来，罗振宇推出了知识付费平台“得到”App，不仅自己主讲，还邀请众多行业大咖，围绕商业、管理、资本等领域分享见解。其中，刘润的《5 分钟商学院》专栏广受好评，其广告语“每天 5 分钟，解决一个商业问题”洞察到在快节奏的社会中，人们不愿意花费大量时间学习，而是希望通过 5 分钟解决一个商业问题。其本质是深入研究了目标人群的内心需求，通过 5 分钟的快速学习解决人们的实际问题。

产品不变，通过改变诉求，也能改变产品和企业的命运。

我们要站在市场的角度，以营销思维策划产品的诉求价值。产品定位的本质在于满足消费者需求。在满足消费者需求时，必须根据消费者圈层、分布城市、年龄、文化等因素进行精准定位。

2

第二节

用战略诉求定位产品

品牌定位源于战略方向，其本质是战略与产品的深度融合。

正确的战略最终要落实到产品上，并以此定义产品的核心价值。

苹果、特斯拉、大疆、华为、农夫山泉、蜜雪冰城等企业，都通过战略思维来定义产品，并以战略诉求来定位产品的核心价值。

用战略思维来定位产品，是一种长远的定位方式。通过战略思维打造的产品带有战略基因，对企业的发展具有深远意义，能够起到引爆品牌的作用。

弯道超车的比亚迪新能源汽车

比亚迪新能源车的全球市场占有率已超过 10%，并连续多年位居销量榜首。这一成就在 20 年前是难以想象的。国产汽车能够取得这样的成绩，令人振奋。如今，比亚迪不仅是国产汽车的代表品牌，更是新能源汽车领域的标杆品牌，取得了阶段性的成功。

比亚迪通过大力发展新能源汽车，主动避开与传统燃油汽车的正面竞争，专注油电混合及纯电动汽车领域，实现“弯道超车”。

新能源汽车是我国汽车领域的战略方向。在新的发展环境下，比亚迪的战略目标是打破产业局限，整合产业链优质资源，进一步创新和发展国产新能源汽车，立足中国，走向世界。

通过战略思维打造超级产品，践行“产品即战略，产品即品牌”的理念，比亚迪的新能源汽车发展之路顺应了时代发展的潮流。

比亚迪新能源汽车专注未来，凭借创新科技开发出畅销的“秦、唐、宋、元”等汽车。这些汽车无须单独定位，因为比亚迪的新能源战略定位已经涵盖了产品的定位。

比亚迪的战略定位聚焦新能源领域，涵盖太阳能电站、储能电站、新能源汽车、轨道交通等业务，致力创造零污染、安全的能源获取方式，改变人类的生活方式。

在这种业务规划下，比亚迪的产品从诞生之初就融入了品牌的战略定位基因，使消费者很容易联想到“比亚迪代表新能源汽车”的品牌形象。这正是战略定位的成功之处。

品牌即战略，产品即品牌

品牌名称决定了品牌的基因，也决定了品牌的定位诉求及产品诉求。

国产化妆品品牌佰草集迎来了快速发展。一方面，国货潮流兴起，中国本土品牌消费大幅增长，时代潮流推动了品牌的快速发展；另一方面，产品本身得到了消费者的认可，回归自然、健康的消费理念成为当前的主流趋势。

佰草集的品牌故事充满了浓厚的文化底蕴。相传，佰草集的科研人员不仅探访了草药圣地神农架，潜心考察草药资源，还远赴欧美学习先进的护肤科技和制作工艺。1998 年，品牌应运而生，以“神农尝百草”为灵感，融合中西智慧，取名为“佰草集”。逐步建立了清新、自然、健康的品牌形象。

虽然佰草集拥有众多产品，如太极养美系列、凝臻白如玉系列、御五行焕肌系列、新七白系列、新恒美系列等，但从产品名称可以看出，其产品遵循中国传统中草药养护文化，与市场上的大多数国外品牌护肤品形成了鲜明对比。

中草药是中国独有的传统文化，佰草集通过这一定位，形成了品牌的强区隔性，满足了现代人对安全、自然、健康的需求。

绿色纯天然的产品更受消费者欢迎。作为本土企业，佰草集在汲取中医理论精华的同时，提出了自己的养护理论，并基于这一理论推出了符合中国消费者需求的产品。

佰草集的品牌战略是“中体西用”——品牌内涵以中国元素为主，运营方式对标欧美品牌。佰草集是第一个入驻法国丝芙兰连锁门店的中国护肤品品牌，也是第一个在国内一线百货公司开设专柜的中国护肤品品牌，更是第一个主打中医药概念的中高端护肤品品牌。与国外中高端品牌相比，其中国风格鲜明且独特。

佰草集的中医战略定位决定了其产品定位，虽然品牌没有过多强调产品功效，但从品牌名称和理念就能联想到佰草集的中医护肤理念。

佰草集给我们的启发是：从品牌诞生之初，产品定位就已经明确，品牌成了产品的代言人。

品牌名称本质上带有产品基因，品牌名称与产品之间应形成相互联想。否则，品牌若想成为某类产品的代表，就需要花费大量时间和金钱向消费者证明，这无疑是事倍功半的。

战略诉求定位产品的三个要素

顺趋势、好产品、有认知，是战略定位的三个关键要素。

这三个要素直接影响到产品的成败，所以我们应深入理解这三个要素的本质，并衡量产品是否与之相匹配。

顺趋势，意味着战略要迎合未来，顺势而为。企业把握住趋势，就站在了风口上，更容易取得成功。海尔的张瑞敏曾经说："只有时代的企业，没有成功的企业。"这说明，企业只有顺应大趋势，才有成功的可能。

好产品，意味着产品是基础，只有质量过硬的产品，才能长久发展，成就企业和品牌。为什么大企业开发新品的时间相对较长，工作流程更为复杂？原因在于层层严格把关，确保不出现任何产品质量问题。

有认知，意味着如果产品具备消费者认知基础，就无须进行大量的推广教育。我国历经改革开放四十多年的发展，国人消费从"吃不饱"到"吃饱""吃好""吃得健康"，经历了不同阶段的升级。未来，大健康产业将迎来爆发，本质原因在于社会环境的变化、消费人群的迭代，以及国人对健康认知的整体提高和对健康的迫切需求。

绿茶、红茶、乌龙茶等在消费市场中已经得到了广泛认知，在此基础上开发茶饮产品是迎合消费者需求。

桃李面包受到市场欢迎的根本原因是产品品质好。桃李面包的保质期较短，主要原因是添加的防腐剂少。在制作过程中，桃李面包尽量保证原材料的品质，使做成的面包口感好、营养价值高，且购买方便，社区店几乎都有销售。

君乐宝乳业推出的芝士味酸奶，单品销售额突破了 10 亿元。这正是基于年轻消费者对芝士产品的喜爱，凭借众多"芝粉"的支持，君乐宝"涨芝士啦"产品取得了成功。

战略定位最终要通过产品的落地执行来实现。正确的战略定位能让产品定位少走弯路。企业应洞察消费者需求的本质，开发符合消费者认知的产品，从而更容易取得成功。

3

第三节

消费者不只是需要了解真相

在营销领域，所有工作的核心目标是促成消费者购买，完成产品交易，从而实现销量增长和更高效的销售。

消费者购买某个品牌产品的原因多种多样，只要有一个理由能促使他们行动，企业的营销就算成功了。

消费者并非产品专家或研发人员，购买产品时大多出于从众心理，或因品牌的营销推广而产生信赖感，最终做出购买决策。

因此，消费者并不只是需要了解产品的“真相”，包括产品信息或广告传播信息的具体内容。企业在让消费者了解产品的同时，还需激发其购买欲望。

例如，奔驰、宝马被视为豪车，但大多数消费者并不了解它们的发动机、轮胎等具体配置参数，除非是专业的汽车爱好者。为什么大多数消费者不了解这些豪车的具体配置参数，却仍愿意购买？因为奔驰、宝马的品牌定位触动了消费者，让他们认为这两个品牌很好，符合自己的心理需求。至于车的具体配置参数，消费者并不需要深入了解，他们只需要有一个简单的认知：这车很好。

使用“高端”“销量领先”“专家”等词语容易定位产品

例如，妙可蓝多奶酪宣传“全国销量领先”，大卫拖把定位为“专家”，德佑湿厕纸声称“全网销售领先”，君乐宝悦鲜活定位为“新一代鲜牛奶”。这些品牌定位很容易影响消费者的购买决策。品牌如何实现高端、领先？这些数据来源较为模糊，因为这些数据大多由第三方公司提供，具有相对性，而非绝对性。但只要消费者相信这些，品牌定位的目的就达到了。

消费者在购买产品时，首先考虑品类和自身需求，然后选择品牌。在选择品牌时，品牌的力量得以显现，这也体现了品牌广告的作用。“高端”“销量领先”“专家”等词汇的品牌定位，本质上是一种信任的建立。这类定位首先消除了消费者的疑惑，让消费者在购买产品时减少了解产品的时间，快速做出购买决策。

消费者很“懒”，不愿意花费很多时间去了解产品的生产过程，他们只关心产品的结果——好与不好。至于评判产品好坏的标准是什么，消费者更不会去深究。品牌只要告诉消费者：我的产品和品牌是行业高端的、销量领先的、在品类中属于专家级别的。再用数据加以支撑，一个不容置疑的品牌形象就呈现在消费者面前。信任一旦建立，便成为购买的理由。

被更多人选择的产品，通常更容易获得信任。消费者容易受到跟风消费的影响。例如，我们在选择饭店时，如果对某个饭店不太了解，评判其好不好吃的标准往往是看哪个饭店的顾客多。一些餐厅也采用了这种定位思维，例如，打出“热销全榜第一”“打卡必吃”“一年卖出 ×× 碗”等招牌。这本质上为消费者提供了一个可信任的理由。

农夫山泉有点甜，让消费者心甘情愿买单

“农夫山泉有点甜”这句广告语让众多“70 后”“80 后”消费者印象深刻，成为农夫山泉的经典广告语，对产品销售起到了重要作用。

如果问消费者“为什么有点甜”，估计大多数人都不清楚。但答案并不重要，重要的是消费者为这句话心动并买单。

农夫山泉“有点甜”的定位策略堪称行业典范。水是无色无味的，“农夫山泉有点甜”这句话让消费者很容易感知到水的品质，并自然而然地体会到这种甜的感觉。

为什么怕上火喝王老吉

王老吉作为中国凉茶品牌，以“预防上火”为核心定位。通过持续的市场营销推广，王老吉取得了巨大的成功。

喝了王老吉之后，能不能去火并不重要，消费者的关注点在于“怕上火”。

面对现代快节奏的生活，许多人因为身体“上火”而寻找预防或治疗的方法，以获得心理安慰。

王老吉作为中国本土凉茶的开创者和引领者，采用传统配方，其口感不同于西方的碳酸饮料，让消费者品尝后感受到产品的独特之处。王老吉在品牌传播中，并没有详细解释预防“上火”的具体原理，而是集中传播“怕上火，喝王老吉”这一核心信息，强化消费者对产品功效的记忆，而产品配料、品牌历史等细节则留给消费者自行了解。

“怕上火，喝王老吉”，一个“怕”字直击消费者痛点，让消费者感觉找到了“去火”的饮料，这是一种心理上的满足。

产品真相可以炸开市场

以上案例都属于指令型定位，引导消费者选择品牌，而不是告诉他们产品的真实价值。

然而，产品真相也可以作为品牌的核心定位，但这个定位必须建立在直观的认知基础上，直接传递产品最大的“卖点”。

例如，“钱大妈，不卖隔夜肉”让消费者感觉钱大妈的肉很新鲜，直接体现了产品的核心优势；“厨邦酱油美味鲜，晒足 180 天”传递了产品的晾晒时间，让消费者对产品有数字化的品质认知；“书亦烧仙草，半杯都是料”则直观表达了产品的卖点，传递了产品的真实品质。

准确的产品真相定位，可以直接引爆市场。企业通过产品满足消费者需求，不是让消费者去研究产品，而是通传递产品真相，快速满足消费者的需求。

4

第四节

定位诉求要聚焦

成功的品牌定位通常采用聚焦策略，专注某个核心点，而不是覆盖过多诉求。

聚焦是定位的核心方法之一，能够节约传播资源，在同等资源条件下实现传播效果最大化，但前提是找到品牌的精准聚焦点。

以泰山啤酒为例。泰山啤酒从一个濒临倒闭的地方啤酒厂，发展到如今年销售额达十几亿元，靠的就是聚焦 7 天原浆啤酒。面对雪花、青岛啤酒等巨头的竞争，泰山啤酒依靠“原浆啤酒”的概念，逐渐赢得了消费者的青睐。这种聚焦大单品的策略，帮助泰山啤酒实现了品牌升级。

聚焦定位策略能够帮助企业不走弯路。

聚焦是有品牌梦想的企业遵循的定位策略，聚焦定位分为几个不同的维度，无论哪个维度，聚焦都能让企业的发展目标更加明确，在竞争中形成合力，从而占据一定的优势。

1. 聚焦产品：做大品类

企业聚焦一个品类产品，重点打造，使其成为长期畅销的大单品。例如，可口可乐聚焦碳酸饮料，打造百年品牌，成为全球碳酸饮料的领导者；老干妈辣酱聚焦辣酱品类，成为中国辣酱第一品牌；百岁山聚焦3元矿泉水，年销售额破百亿元，成为国内矿泉水市场的大单品。

企业首先聚焦一个品类，在这个品类中做强做大，占据竞争优势，这是企业发展过程中必不可少的路径，也是快速成长的关键。

2. 聚焦品牌：做强品牌

品牌简单来说就是一个名字，但很多企业经营不好这个名字，发展几十年也没有打造出一个成功的品牌。

原因在于，很多企业在品牌建设过程中频繁更换品牌名称，一旦某个品牌几年内未能成功，就放弃并开始另一个品牌的运营，年复一年，最终没有一个品牌成功。

聚焦一个品牌，将其做好后，这个品牌就会成为企业的母品牌。只要母品牌强大了，未来开发的子品牌也会“子凭母贵”，借助母品牌的势能更容易取得成功。

例如，统一、康师傅、伊利、蒙牛、海尔、青岛啤酒、长城汽车、雀巢等，都是先做强一个母品牌，然后延伸其他产品品牌。这些母品牌首先取得成功，才有了后续的产品品牌。

反观很多企业，没有做强任何一个品牌，却拥有众多所谓的“商标品牌”，将同样的产品贴上不同的商标，美其名曰“品牌”。这种做法根本不是在做品牌，而是在透支企业资源。

这说明缺乏战略思维的企业，最终难以打造出成功的品牌。

3. 聚焦市场：塑造样板市场

中国市场非常庞大，任何一个产品都不可能一夜之间火遍全国。这需要一个过程，而打造样板市场是关键的第一步。

在聚焦样板市场时，首先要检查产品、定位、团队、生产、服务等一系列情况，确认其能在市场销售中稳定发挥作用，并通过持续优化确保体系稳定。

一旦样板市场成功，就立即扩大市场，做到“样板市场急不得，全国市场慢不得”。

大窑汽水之所以能在近几年业绩爆发，离不开其在东北地区打造的样板市场。之后，它逐渐“南下”，进入京津冀、鲁豫等地区，开始了爆发式发展，一举占据了大半个中国市场，成为国产汽水品牌的领军者。

4. 聚焦人群：培养意见领袖

在品牌定位之前，首先要分析消费人群：我们的产品卖给谁？目标人群是谁？这需要进行精准的人群定位。

前期的聚焦人群实际上就是培养品牌的意见领袖。企业需要首先培养一批为品牌站台的意见领袖，之后，这些人会主动传播产品和品牌，成为第一批“火种”。

很多品牌在发展初期会聚焦某一特定人群，随着品牌知名度和产品铺市率的提升，消费人群不断扩大，逐渐成为大众皆知的品牌，从而推动销售额逐步提升。

以茅台为例，作为国内高端酒的代表，其地位无可替代，价格也居高不下。茅台的目标人群非常明确——高端消费群体。

通过让这些高端消费者成为意见领袖，传播茅台的高端品质，茅台成功激发了其他消费者对茅台品牌的向往。在大众消费人群中树立了高端品牌形象，进而提升了销量。

如今，小红书已成为品牌传播的重要平台。品牌通常会先在小红书上发布“种草”笔记，通过传播产品的各种优点，形成“网红”趋势，然后同步在各大电商平台开设旗舰店，引导消费者购买。这种电商品牌的营销套路，本质上是通过塑造意见领袖，让消费者感受到产品已被广泛使用且非常受欢迎，从而带动更多人跟风消费，为品牌的爆发式增长奠定基础。

5. 聚焦符号：品牌形象

从品牌形象定位的角度来看，聚焦一个符号，使其成为品牌产品的代表，对品牌的传播具有重要的推动作用。品牌符号是最容易通过视觉被感知的品牌形象元素，它能够成为消费者对品牌的一种记忆标识。

例如，LV 的字母组合、苹果的被咬了一口的苹果图形、麦当劳的黄色“M”标志、八马茶叶的一匹马形象、真功夫的李小龙形象等，这些品牌标识都成了品牌形象的重要符号代表。在整个市场传播中，聚焦品牌符号有助于塑造品牌的独特形象。

6. 聚焦颜色：品牌占位

品牌的代表颜色需要保持稳定，不可轻易改变，因为颜色是品牌形象的重要基因。

然而，许多企业在开发产品时，忽视了颜色的统一性。例如，在饮品的不同口味、休闲食品的不同品类、酒类的不同规格、茶叶的不同品种上，企业常常为每个产品采用不同的颜色以区分。

这种做法严重削弱了品牌形象的统一性。正确的做法是聚焦一种品牌颜色，并将其应用于所有产品包装，让消费者通过视觉感知品牌的颜色统一性，从而认知品牌的颜色符号。

许多品牌已经通过这种方式深入人心。例如，我们不看品牌名称，仅凭颜色就能识别出一些品牌，因为这些品牌已经在消费者心中留下了深刻的印象。

咖啡行业的星巴克、瑞幸；可乐行业的可口可乐、百事可乐；饮用水行业的农夫山泉、怡宝等。它们都通过聚焦一种颜色，最终塑造了超级品牌形象。

聚焦颜色定位能够强化品牌的个性，建立消费者与品牌之间的强关联色彩认知关系。

产品的成功在于聚焦定位，无论是在战略方向、产品开发、包装颜色维度，还是市场推广等维度，都需要遵循聚焦定位的原则。

许多小企业面临生存问题时，不舍得砍掉多余的产品线，认为聚焦并非当务之急，首先要“活下去”。这是一种普遍现象，但本质上是这些企业缺乏长远的战略思维。

回顾大企业的发展历程，它们无一不是通过聚焦战略，在某个领域取得成功的。

聚焦的本质是舍，没有舍，就没有收获。